アイザック・ニュートン

執筆
　　フィリップ・スティール

翻訳
　　赤尾秀子

装丁
　　松吉太郎デザイン事務所

ビジュアル版 伝記シリーズ
アイザック・ニュートン

2008年5月20日　第1刷発行
2015年9月20日　第2刷発行

発行者　落合直也
発行所　BL出版株式会社
　　　　〒652-0846　神戸市兵庫区出在家町2-2-20
　　　　tel. 078-681-3111
　　　　http://www.blg.co.jp/blp

Japanese text © 2008 AKAO Hideko
NDC289 64p 29×24cm
Printed and bound in China　ISBN978-4-7764-0279-4 C8323

Isaac Newton by Philip Steele
Edited and designed by Marshall Editions
Copyright © Marshall Editions 2007
All rights reserved.
The Japanese translation rights arranged with Marshall Editions
c/o Quarto Publishing through Janan UNI Agency, Inc. Tokyo

表　　紙◆アイザック・ニュートン。サー・ゴドフリー・ネラー（1689）による肖像画。
　　　　　Trustees of the Portsmouth Estates/photograph by Jeremy Whitaker
前ページ◆ニュートンの机（ケンブリッジ大学トリニティ・カレッジ）を再現したもの。
　　　　　プリズム、アストロラーベ（天体観測儀）、対数表が置かれている。
右ページ◆アイザック・ニュートンを記念してつくられたメダル（1727）

アイザック・ニュートン

―――すべてを変えた科学者―――

著=フィリップ・スティール　訳=赤尾秀子

BL出版

目　次

少年アイザック

こごえる冬に生まれて　　　8
世界はひっくりかえった　　12
日々の暮らし　　　　　　　14
学校へかよう　　　　　　　16

1

きらめく才能

カレッジ時代　　　　　　　22
自然哲学から科学へ　　　　24
るつぼ　　　　　　　　　　26
新しい科学　　　　　　　　30

2

宇宙の神秘

研究生活	36
錬金術と望遠鏡	38
王立協会	42
すい星のしっぽ	44

3

歴史に名を残す

プリンキピア	48
友とライバル	50
ロンドンの日々	52
「すべては光になった」	56
熱意の人	58
用語解説	60
参考文献／索引	62

4

8　少年アイザック

こごえる冬に生まれて

　深夜2時。あたりは闇につつまれ、身もこおるほど寒い。きょうは一年でもとくべつな日——12月25日だ。けれど、1642年のクリスマスは、いつもとちがった。イングランド国王チャールズ1世と議会が対立し、内戦の火が国じゅうに広がりつつあったからだ。イングランドは、苦難の時代をむかえていた。

　リンカンシャーの小さな村、ウールズソープの家の窓は、ろうそくや暖炉の炎をうけて、ひときわ明るかった。といっても、クリスマスだから明るいわけではないし、最近ちょくちょくあるように、ランプを手にした兵士が一夜の宿をもとめていたからでもない。この家が、なぜこんな夜ふけまで起きているのか、理由はすぐにわかった。2階から、あかんぼうの産声が聞こえてきたのだ。

　生まれたのは、男の子。予定より早く生まれたせいで、どこか弱々しく、元気がなかった。からだもとても小さくて、その後、おとなになった本人が語っているように、「1クォート瓶にでも」入りそうだった。1クォートは、1リットルよりすこし多いくらいでしかない。

　あかんぼうの父親は、アイザック・ニュートン。ウールズソープの地主で、自作農だった。

クリスマスはいつ？

ヨーロッパでは、どの地域でも同じ暦が使われていたが（ユリウス暦）、1582年、カトリック教会が新しい暦を採用した（グレゴリオ暦）。ただし、プロテスタントの国々が新しい暦を使うのはずっとあとになってからで、イギリスの場合は1752年だった。そこで、ニュートンが生まれた1642年12月25日を現在の暦（グレゴリオ暦）でいえば、1643年1月4日になる。

前ページの絵◆ジョン・ベイト著『自然と技芸の神秘』（1635年）より、凧あげをする人のイラスト。ニュートンは少年のころ、自分でいろんな形の凧を考えてつくった。

1642年1月8日
イタリアの科学者、ガリレオ・ガリレイが亡くなる。

1642年8月
イングランドでは、チャールズ1世と議会が対立し、内戦（ピューリタン革命）が始まる。

こごえる冬に生まれて　9

　ただし、アイザック・ニュートンは、1642年10月、息子が生まれるほんの2か月まえにこの世を去った。地元では名のある人物だったが、ほかの農民と変わらず、アイザック・ニュートンも読み書きができなかった。

　あかんぼうの母親の名は、ハンナという。ハンナは夫のアイザックよりもよい家柄の出で、弟のウィリアム・アイスコフは近くのバートン・コグルズ村で牧師をしていた。ウィリアムはケンブリッジ大学でも学んだ、教養のある人だった。

　生まれたあかんぼうは、年があけた1月1日に洗礼をうけ、父の名前をついでアイザックと名づけられた。

ウールズソープのニュートンの生家（19世紀）。現在もこの絵とほとんど変わらない。イングランドの村ではむかしから、地主の家がもっとも大きく、りっぱだった。

1642年10月
アイザック・ニュートン（父）、病死する。

1642年12月25日
アイザック・ニュートン（子）、リンカンシャーのウールズソープで生まれる。

10　少年アイザック

17世紀のイングランドでは、聖書は教会にかぎらず、家庭でも毎日、読まれていた。学校でも聖書を勉強し、庶民にとって、本といえば聖書だけだった。

　アイザック・ニュートンが生まれた年は、偉大なイタリアの科学者ガリレオ・ガリレイ（1564〜1642）が亡くなった年でもある。ガリレオは、それまで信じられていたことをくつがえし、「地球は太陽のまわりをまわっている」と主張した。アイザック・ニュートンも、いずれ偉大な科学者のひとりになるが、ニュートンが生まれたころのウールズソープには、ガリレオという名はもちろん、科学にくわしい人はひとりもいなかった。

　ウールズソープはとても小さな村で、ロンドンの北160キロほど、リンカンシャー東部のコルスターワースの近くにある。リンカンシャーの大部分は、フェンズとよばれる低地の湿地帯だが、北部へ行くとウォルズという草地の高原になる。ウールズソープはそんな高原の西側にあって、あたりは一面、畑だった。近くを走る道路はロンドンとヨークをむすび、ローマ帝国時代から、グレートブリテン島でも人と物がゆきかう重要な街道だった。

　あかんぼうのアイザックは、すくすくと育った。とはいえ、内戦はイングランド全土に暗い影を落とし、1643年には、リンカンシャーも議会派の軍の手におちた。

1643年1月1日
アイザック・ニュートン、洗礼をうける。場所はおそらくウールズソープの自宅。

1644年7月2日
国王軍、マーストン・ムアの戦いで議会派に大敗する。

こごえる冬に生まれて 11

農家の女性が糸をつむいでいる。イングランドの村では、衣類や食料など、生活に必要なものは自分たちでつくった。たいていは、水車や風車を利用した。

　1646年1月、アイザックが3歳のとき、母の再婚が決まった。相手は牧師のバーナバス・スミスで、すでに63歳。スミスはとても裕福だったが、おさないアイザックには目もくれず、やさしくしようとも、仲よくしようともしなかった。

　母のハンナは、新しい夫と暮らすために、2キロほどはなれたノース・ウィザムに引っ越した。ところがアイザックは連れていかず、ウールズソープでハンナの母マーガリー・アイスコフが世話をすることになった。

　アイザックは、母に捨てられたような気がした。さびしくてさびしくて、たまらなかった。生まれたとき、すでに父はなく、こんどは母までいなくなったのだ。

　アイザックの小さな心は怒りにあふれ、その怒りは生涯にわたってくすぶりつづけた。

　後年、アイザック・ニュートンは告白している──「母と継父の家に火をつけてやる、とさけんだことがある」

ひとりが好き

アイザック・ニュートンは「アスペルガー症候群」だったのではないか、と考える研究者がいる。アスペルガー症候群の人たちは、知能はとても高いが、人とつきあうのが苦手だ。しかし、べつの研究者たちは、ニュートンには孤独癖があった、だから友人をつくろうとしなかったのだという。

1646年1月
アイザックの母ハンナ、再婚を決意する。

1646年
アイザックはウールズソープに残され、祖母が世話をする。

世界はひっくりかえった

1643年、イングランドで「世界はひっくりかえった」という歌が流行した。アイザック・ニュートンは、古い価値観のなにもかもが"ひっくりかえった"ような時代を生きたのだ。

新しい技術もつぎつぎ生まれた。印刷機が発明されて、印刷物が安く大量につくられるようになると、信仰や政治についての新しい考えが急速に広まった。そしてヨーロッパのあちこちで宗教的な対立が起き、カトリックとプロテスタントが争って、新しい宗派が生まれた。商人と小規模地主は裕福になり、貴族や王族に対する発言力が強まった。

イングランドでは、1620年代から、こうした問題がますます深刻になっていた。国王チャールズ1世は議会の力をおさえようとし、1642年、国王派と議会派のあいだでついに内戦が始まった。議会派の多くは、ピューリタン（清教徒）という急進的なプロテスタントだった。国王派は敗れ、1649年、イングランドは君主制からコモンウェルス（共和政）になる。1653年には、議会派の指導者オリヴァー・クロムウェルが「護国卿」という名の、いわば独裁者になった。

北海

スコットランド

アイリッシュ海

イングランド

グランサム
ウールズソープ
ノリッジ
ウェールズ
ケンブリッジ
ロンドン　イギリス海峡
ドーヴァー

上◆グレートブリテン島は、ひとつの国へとまとまりはじめていた。ウェールズは1536年にイングランドと統合し、1603年からはスコットランドも同じ国王がおさめた。完全にひとつの国になったのは、1707年のことだ。

左◆ヨーロッパでは新しい国がいくつも生まれた。そうした国々はアメリカ大陸に植民地をつくり、きそって交易した。17世紀には、オランダとイギリスが3度にわたって戦争する（1652～54年、1664～67年、1672～74年）。

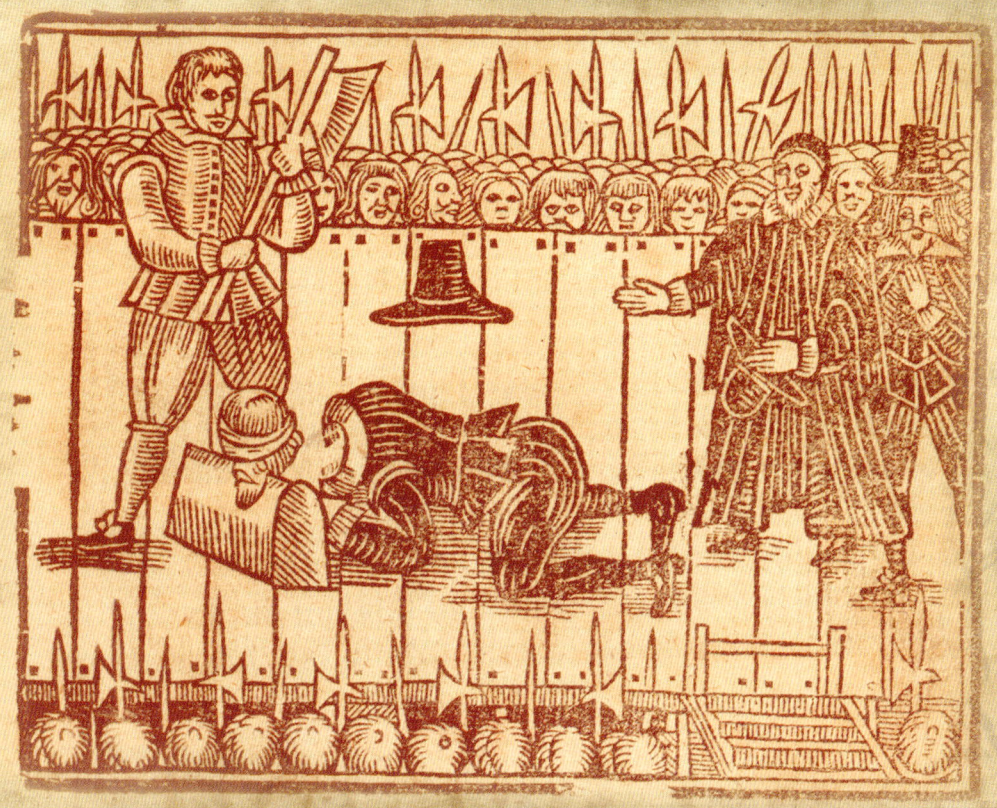

上◆戦いに敗れたチャールズ1世は、1649年1月、ロンドンで公開処刑された。国王は神からあたえられた力で国をおさめている、と信じられていたので（王権神授説）、この出来事はヨーロッパじゅうに衝撃をもたらした。イングランドは1660年、チャールズ2世のもとでふたたび君主制になるものの、国王の力は弱くなるいっぽうだった。

左◆17世紀、激しい内戦がつづくなか、イングランドの農村地域でも兵士の姿はめずらしくなくなった。

14 少年アイザック

日々の暮らし

1640年代、農村の人たちは一日一日をつましく生きた。子どもは一生懸命はたらいて家族の役に立ち、おとなのいうことをよくきいた。アイザックもいずれは亡き父のような農場主になるものと思われていたが、母方のアイスコフ家は学問を学んでいたので、アイザックも学校に行かせるべきだと考えた。

アイザックは近くの村にある小さな塾にかよいはじめ、読み書きや算数を習った。日曜日には教会へ行き、聖書の朗読を熱心に聞く。

ニュートン家は、1623年からウールズソープの地主になった。地元の石灰岩を使って建てた家は、素朴でとても美しく、アイザックの部屋は2階にあった。

おそらくアイザックも、6歳くらいから、小さな子が着るチュニック（ゆったりした長いシャツ）ではなく、ダブレットという上着と半ズボンを着ていただろう。服地は毛（ウール）か亜麻布（リンネル）だ。

そのころ、おとなたちの服装は質素になっていた。内戦まえは、男も女もリボンやフリル、レースで飾りたてていたが、ピューリタンはそんな服装

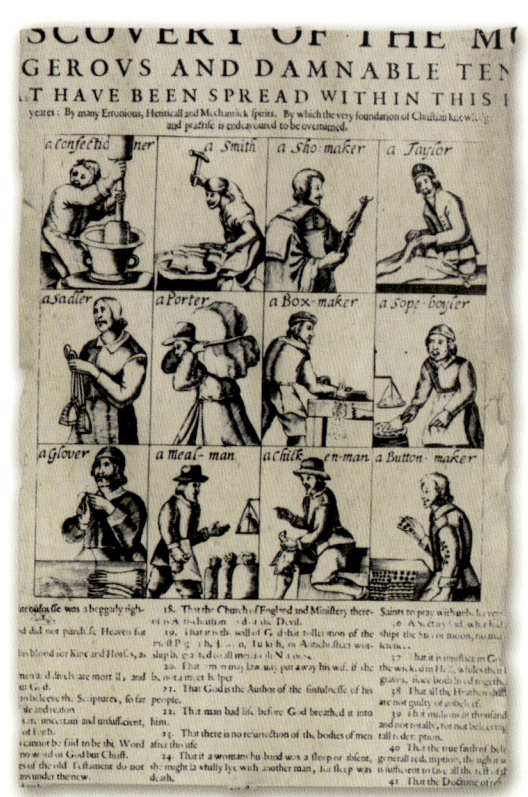

日々の仕事にはげむ職人や商人たち。ニュートンも小さいころ、このような人たちを見ていたにちがいない。

1647～52年
アイザック・ニュートンの母ハンナ、ノース・ウィザムで3人の子を出産する。

1649年1月30日
チャールズ1世、ロンドンのホワイトホールで処刑される。

日々の暮らし　15

クリスマスのプディングまで禁止された？

ピューリタンはとても厳格で、遊んでさわぐのは神にそむく行為だと考えた。そこで共和政になると、トランプ遊びや、家の外でダンスをすることが禁止された。また、むかしながらのクリスマスのプディングを食べることさえ、よくないことだと禁じられた。

に眉をひそめた。

ピューリタンは、地味でつつましい服を好んだからだ。

男は襟の広いシャツにジャケット、膝までの半ズボンに靴下をはいて、つば広の帽子をかぶった。

いっぽう、女は首がかくれるような襟の、丈の長いワンピースを着てエプロンをつける。

家の外に出るときは、フード付きのマントをはおり、寒さや雨風をしのいだ。

いなかでは、食べるものも質素だった。とはいえ、ウールズソープの農場なら、牛乳や自家製バター、手づくりパン、リンゴ、卵もあっただろう。

冬になると家畜にあたえる餌がないので、秋のうちに農場の牛や羊、豚から肉をつくった。そして肉も魚も塩づけして、保存する。野菜は100年まえよりずっと種類がふえ、おいしくなっていた。

飲みものは、ふつうの水よりビールのほうが安全だと考えられた。というのも、水には病気のもとになる菌が混じっているかもしれないからだ。小さな子どもでさえ、スモールビール（弱いビール）を飲まされた。

そのころは医学も進歩していなかったから、子どもはおさないうちに死んでしまったり、女性は出産で命をおとすことも多かった。

医者は、いまのわたしたちには信じられないような、とても奇妙な治療をほどこしていた。たとえば、患者の血をヒルに吸わせるのだ。当時の医者は、そうすれば元気になると信じていたし、薬にしても、まったく効果のない飲み薬や軟膏を患者にわたした。

1649年3月16日
イングランド、君主制からコモンウェルス（共和政）になる。

1652年7月8日
イングランドとオランダ、長期にわたる戦争状態に入る。

16　少年アイザック

学校へかよう

　1653年、アイザックの継父バーナバス・スミスが亡くなって、母ハンナがウールズソープに帰ってきた。アイザックは、ようやく母といっしょに暮らせるようになったのだ。とはいえ、母をひとりじめすることまでは、できなかった。母はほかに3人の子を生み、アイザックにはメアリーとハンナという異父妹、ベンジャミンという異父弟ができていた。

　1654年か55年、アイザックはグランサムの男子校に入学した。グランサムはにぎやかな市場の町で、ウールズソープの北12キロほどのところにある。毎日そんなに遠くまでかようことはできないので、アイザックはグランサムの目抜き通りにある家に下宿することになった。家の主人はウィリアム・クラークといい、仕事は薬種屋、いまでいう薬剤師だ。

　ここにはクラークの子どもが3人いて、エドワードとアーサーは男の子、キャサリンは女の子だが、3人ともクラークの実子ではなく、母親の前夫の姓、ストーラーを名のっていた。

　薬種屋は仕事がら、飲み薬や粉薬、軟膏などをつくるのに、いつもなにかを混ぜあわせていた。アイザックはクラーク家で暮らしたことから、物質を混ぜるとどうなるか、その反応を観察することに早くから興味をもったのだろう。

1653年8月
アイザック・ニュートンの母ハンナ、ウールズソープに帰ってくる。

1653年12月
オリヴァー・クロムウェル、護国卿になる。

アイザックはこの少年たちを嫌いつづけたが、少女とは気があって、キャサリンのために人形遊びの家具までつくったりした。もうすこし大きければ、恋人どうしになっていたかもしれない。ただし、ニュートンはおとなになっても恋人はひとりもつくらず、結婚しようともしなかった。

アイザックはキングズ・スクールの窓の下枠や机に自分の名前をきざんだ。

　グランサムのキングズ・スクールは、16、17世紀にイングランドじゅうで設立された無料のグラマー・スクールのひとつだ。学校の一日は長くて退屈で、授業の内容はすぐに覚えられるような簡単なものばかり。しかも、むち打ちの罰はしょっちゅうだった。グラマーは「文法」という意味だが、英語ではなくラテン語の文法だ。当時のヨーロッパの学者たちは、古代ローマのことばだったラテン語を使っていたから、それを勉強するのはよいことだった。生徒はまた、聖書を学ぶためにギリシア語やヘブライ語をすこし、ほかに算数もすこし教わった。このころのグラマー・スクールで学び、有名な学者になった人は何人もいる。

「冷静で、口数すくなく、ものごとをよく考える少年……
外で男の子と遊ぶのを、ほとんど見たことがありません」
——キャサリン・ストーラーが語る、グランサム時代のニュートン——

1654〜55年
ニュートン、グランサムのキングズ・スクールに入学。

1656年
オランダの科学者クリスティアン・ホイヘンス、精確な振り子時計をつくる。

18　少年アイザック

アイザックは日時計と太陽がつくる影に夢中になった。右の写真は9歳のとき、ペンナイフで石にきざんだ日時計（コルスターワースの教会）。

　アイザックはキングズ・スクールでは嫌われ者で、ほかの少年たちからしょっちゅういじめられた。

　ある日、たまりかねたアイザックは猛然と仕返しをした。自分をいじめた少年の顔を、教会の庭の壁に打ちつけたのだ。このけんかで、アイザックはますます孤立することになる。

　アイザックは、学校の授業がおもしろくなかった。最初のうち、ヘンリー・ストークス校長も、アイザックをとくに優秀な生徒だとは思わなかったが、アイザックの才能は、このころすでに芽ぶきはじめていた。教会の図書室からよく本を借り、そのなかの一冊が『自然と技芸の神秘』というジョン・ベイトの本だった。これにはたくさんの機械や仕掛けが書かれていた。

　それからというもの、アイザックは風車小屋の模型やネズミ捕り、水時計、ランプをはこんで飛ぶ凧など、いろんな種類の仕掛けをつくるようになった。そしてストークス校長もようやく、アイザックはほかの生徒とちがうことに気づきはじめた。

　ただし、母のハンナは息子の才能に気がつかなかった。1659年の秋、長男も16歳になるのだから、農場の仕事を覚えるべきだと考えて、キングズ・スクールを退学させたのだ。

　こうしてアイザックは、ウールズソープに帰ってきた。

1658年9月3日
オリヴァー・クロムウェル没。

1659年
アイザック・ニュートン、農場の管理を勉強するため、ウールズソープによびもどされる。

ところが、アイザックはまったく農場仕事に向いていないことがわかった。豚や羊が逃げても気にせず、こわれた柵もほったらかしで、罰金を払わされたこともある。

アイザックの叔父ウィリアム・アイスコフとストークス校長は、アイザックは大学に進んだほうがいいと判断した。本人にとっても、農場にとってもだ。

アイザックはまたグランサムで勉強することになり、こんどはストークス校長の家に寄宿した。

嵐の力

のちにアイザック・ニュートンは、はじめて「科学的」な実験をしたのは1658年9月3日だったと語っている。この日はオリヴァー・クロムウェルが亡くなった日で、しかも大嵐が吹き荒れた。アイザック少年は、その風力をはかろうとしたのだ。

写真はグランサムのキングズ・スクール。アイザックがかよっていた当時の生徒数は数十人で、ヘンリー・ストークス校長は、アイザックはケンブリッジ大学に進学するべきだと考えた。

1660年5月8日
イングランド、ふたたび君主制になる（王政復古）。チャールズ1世の王子がチャールズ2世として国王に即位。

1660年秋
ニュートン、グランサムのキングズ・スクールにもどる。

きらめく才能

2

22　きらめく才能

カレッジ時代

　中世に設立されたケンブリッジ大学は、アイザック・ニュートンの家から100キロほど南、ケム川のほとりにあった。大学はいくつかのカレッジから構成されているが、とりわけ優秀だと評判が高かったのは、ヘンリー8世が1546年に創設したトリニティ・カレッジだ。1661年6月5日、ニュートンはそのトリニティ・カレッジに入学する。

　国王と議会が争った内戦（ピューリタン革命）によって、ケンブリッジ大学の国王派はすべて職を失った。しかし、チャールズ2世が即位して王政にもどると、こんどはピューリタンが言動に気をつけなくてはいけなくなった。ニュートンはどちらかといえばピューリタン的だったが、たまに酒場に行くことはあっても、ほかの学生のように酔ってけんかをすることはなかった。ニュートンは信仰について悩み、あいかわらず、友だちをつくるのも苦手だった。

　カレッジの学生は、さまざまな階級のグループに分かれていた。いちばん上の階級は特権をもっている貴族で、そのつぎが一般的な「自費生（ペンショナー）」だ。

右◆美しく堂々とした建物にかこまれたトリニティ・カレッジの中庭（グレート・コート）と噴水。ニュートンは1696年まで、ほとんどケンブリッジで暮らした。

前ページの絵◆ケンブリッジ大学で学んでいたころのニュートン。

1661年6月5日
アイザック・ニュートン、ケンブリッジ大学トリニティ・カレッジに入学。

1662年7月
ロンドンにある科学の学会「王立協会」が、国王の特許状を得る。

カレッジ時代

ほんとうの話？

ニュートンにまつわる話のなかに、ケンブリッジ大学での成績はかんばしくなかった、というのがある。卒業時の成績を、いまの大学の5段階評価にあてはめると、下から2番めになるらしい。ニュートンが自分の研究に没頭していたせいか、でなければ、この話そのものが真実を伝えていないかだ。

そしていちばん下の階級が「準免費生（サブサイザー）」で、学費をまかなうために、ほかの学生の召使いのようなことをした。

ニュートンは、この最下級のグループのひとりだった。というのも、母のハンナが授業料を払いたがらなかったからだ。

カレッジではまず、アリストテレス（紀元前384～322）のような古代ギリシアの哲学者たちを学ぶことから始める。ニュートンは勉強にはげみ、3年生になるころには、自分なりの興味が芽ばえていた。カレッジで学ぶ以外の古代哲学者や、ガリレオ・ガリレイなど、新しい思想家たちの著作を読みはじめたのだ。

ニュートンは科学の難問にとりくみ、なんとか答えを見つけようとした。自室で最新の観測法と道具を駆使し、夢中になって実験をした。数学のノートは、記号や図形であふれた。

そして1664年4月、ニュートンはカレッジの特待生に選ばれ、奨学金がもらえるようになった。あくる年の1月には学士号をとって、4月に卒業。それでも奨学金があったので、ニュートンはケンブリッジにそのまま残り、研究をつづけることができた。

ニュートンはトリニティ・カレッジで、ジョン・ウィキンズという学生と同じ部屋だった。右の絵では、光の実験にとりかかるニュートンをウィキンズが手伝っている。

1664年4月
ニュートン、トリニティ・カレッジの特待生になる。

1665年2月
ニュートン、「二項定理」など、数学の問題にとりくむ。

自然哲学から科学へ

　イングランド国王チャールズ1世の公開処刑は、社会革命の始まりを告げるものだった。
　そしてヨーロッパでは、同時にもうひとつの革命、「思想」の革命も起きていた。新しい思想は、世界に対するそれまでの考え方――自分たちが生きている世界は宇宙のどこにあるのか、という考え方をくつがえすものだった。
　"近代科学"の始まりである。
　ただし、当時はまだ科学を「自然哲学」とよび、「科学者」ということばが使われるようになったのは19世紀に入ってからだ。
　とはいえ、アリストテレス哲学をはじめとする古代ギリシアの思想、2000年にわたってかたく信じられてきた考え方に、ようやく疑問が投げかけられた。
　ポーランドの天文学者ニコラウス・コペルニクス（1473～1543）が、あろうことか、「地球は太陽のまわりをまわっている」といったのだ（地動説）。当時の人びとは、がくぜんとした。すぐさま学者たちは恒星や惑星、地球、物質の構造とその運動の研究にとりかかり、数学を使って自分の理論を説明した。
　ニュートンはそんな先進的な自然哲学者たちの研究を知って、心をうばわれた。
　神経質で短気、人とまじわれない青年は、美しく光りかがやく世界に足を踏み入れたのだ――そこでニュートンがやるべき仕事は、「真理の探究」だった。

上◆デンマークの天文学者ティコ・ブラーエ（1546～1601）。
　ドイツの天文学者ヨハネス・ケプラー（1571～1630）は、ティコ・ブラーエの星の研究をもとに、コペルニクスの理論が正しいことを証明した。

右◆ガリレオ・ガリレイはイタリアの大科学者で、物体が落下するときの運動と、その法則について研究した。また望遠鏡も発明して、月や惑星、恒星を観察する。そしてコペルニクスの説を支持したことから、ローマ・カトリック教会に敵視された。カトリック教会は、太陽のほうが地球のまわりをまわるのだと信じていた（天動説）。

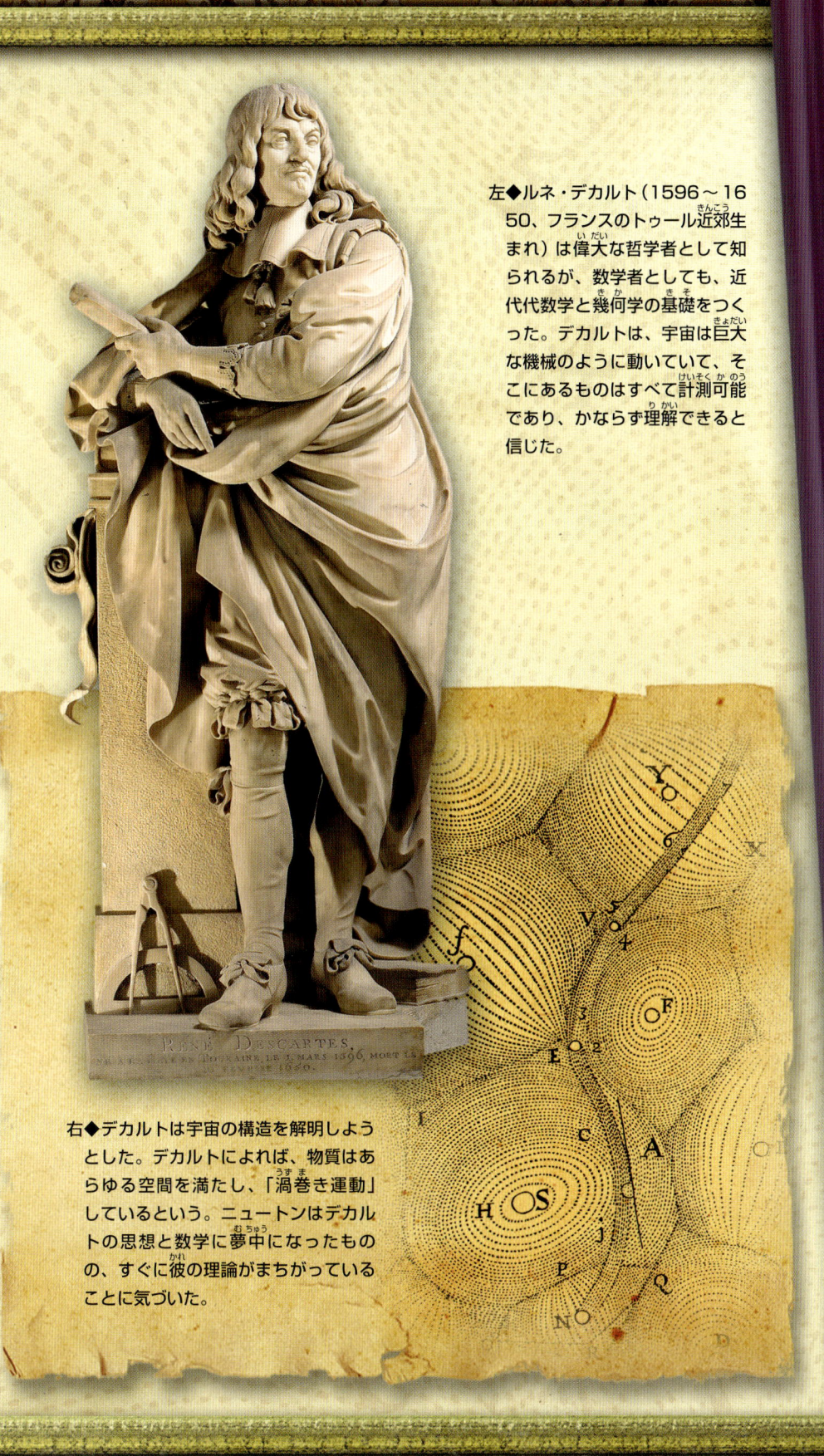

左◆ルネ・デカルト(1596～1650、フランスのトゥール近郊生まれ)は偉大な哲学者として知られるが、数学者としても、近代代数学と幾何学の基礎をつくった。デカルトは、宇宙は巨大な機械のように動いていて、そこにあるものはすべて計測可能であり、かならず理解できると信じた。

右◆デカルトは宇宙の構造を解明しようとした。デカルトによれば、物質はあらゆる空間を満たし、「渦巻き運動」しているという。ニュートンはデカルトの思想と数学に夢中になったものの、すぐに彼の理論がまちがっていることに気づいた。

26　きらめく才能

るつぼ

「るつぼ」とは、金属などの物質を高温で熱して、貴重な成分をとりだすときに使う容器だ。ニュートンにとって、1665年から67年は、まさにこの"るつぼ"のときだった。ケンブリッジ大学が閉鎖されて研究できなくなったニュートンは、故郷ウールズソープへ帰り、その才能を開花させたのだ。ニュートンの"るつぼ"からとりだされた貴重な成分は、世界についての新しい考え方だった。

骸骨（死）が、すぐそこまで迫ってきている。ペストがまんえんする町の住民は地方へ避難し、その道すがら、ペスト菌をまき散らした。こうして17世紀のヨーロッパは、くりかえしペストの流行に苦しんだ。

　ニュートンがウールズソープで暮らしたこの時期は、「驚異の年」という意味のラテン語「アンニ・ミラビレス」として知られている。ただし、当時のイングランドは大きな苦しみをふたつ味わった。

　ひとつは、1665年6月、ロンドンで大流行したペストだ。ペストは人の命をうばう恐ろしい伝染病で、ネズミについたノミが媒介するが、ニュートンの時代はまだ原因がわかっていなかった。ペストは農村地域にまで広がって、人びとは恐怖にふるえ、ケンブリッジ大学も閉鎖される。10月までに、ロンドンだけで7万人もがペストで命をおとした。

　実家以外に行くところがないニュートンは、8月にウールズソープへ帰省した。あくる年の3月、いちどケンブリッジにもどってみたものの、ふたたび故郷へ避難し、

1665年4月
アイザック・ニュートン、学士号を取得する。

1665年5月
ニュートン、接線と惑星の軌道について研究する。

1667年4月までウールズソープで暮らした。

　ウールズソープには、わずらわしい学生たちもいなければ、試験もない。ニュートンは自分の研究と実験に没頭でき、とりわけ数学と物理の進歩はめざましかった。

　1666年9月2日、ふたつめの不幸がロンドンをおそう。大火災が発生し、町が炎につつまれたのだ。テムズ川は、逃げだしたロンドン市民のボートであふれた。町は4日間も燃えつづけ、1万3200の家屋、89の教会、そして聖ポール大聖堂までが焼きつくされた。およそ10万人の人びとが帰る家を失い、亡くなった人は数知れない。

　古い中世の町のほとんどが焼け野原となり、ロンドンは新しい都市として生まれ変わるときをむかえた。

不幸中の幸い

「ロンドンの大火」は大きな不幸をもたらしたが、いっぽうで、よいこともあった。ネズミがはびこる古い建物が燃えつきたのだ。この年の12月には、もうペストにおびえることもなくなった。

1666年の「ロンドンの大火」。燃えあがる炎を背に、聖ポール大聖堂が見える。

1665年6月7日
ロンドンではじめて、ペストの流行が伝えられる。

1665年8月
ニュートン、ペストを避けて、ケンブリッジからウールズソープへ帰る。

28　きらめく才能

"自然哲学者"のアイザック・ニュートンは、宇宙についてもっと知りたいと思った。理由は、ほかの科学者と同じように、信仰のためだ。ニュートンは、神の神秘がすこしでもわかれば、と考えたのだ。ところが、科学の研究をすればするほど、古くからある教会の教えとはちがっていることがわかりはじめた。

ニュートンは、数学を愛した。ニュートンにとって、数学は数字を使った抽象的な考えではなく、ものはどんなふうに動くのか、どうしてそんなことになるのかを説明してくれる便利な道具だった。

1665年2月、ニュートンは「二項定理」をみちびきだした。この定理を使うと、とても精度の高い対数が算出できる。対数というのは、複雑な計算を簡単にしてくれる数字で、電卓もコンピュータもない時代、対数を一覧にした対数表は、学者たちにはなくてはならないものだった。

その3か月後、ニュートンは惑星が太陽のまわりをまわる「軌道」の研究にとりかかった。軌道を数学で説明しようとしたのだ。そして曲線も接線の集まりで表現できるはずだ、と考えた。幾何学では、曲線と一点のみで接する直線のことを接線という。

直線を小さな小さな線分に分割していけば、最終的に曲線ができるかもしれないという考えに、ニュートンは夢中になった。

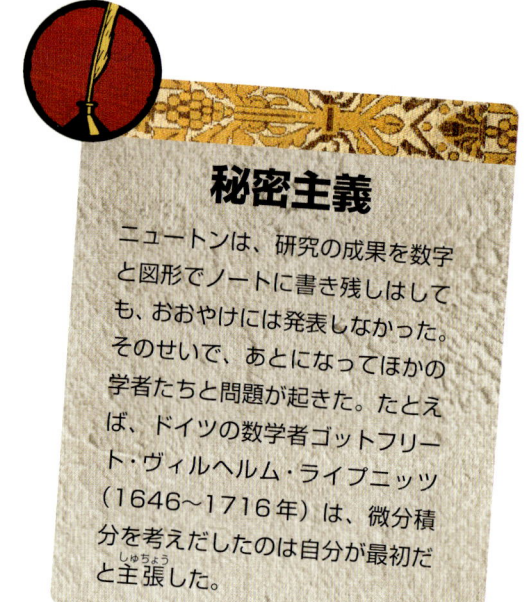

秘密主義

ニュートンは、研究の成果を数字と図形でノートに書き残しはしても、おおやけには発表しなかった。そのせいで、あとになってほかの学者たちと問題が起きた。たとえば、ドイツの数学者ゴットフリート・ヴィルヘルム・ライプニッツ（1646〜1716年）は、微分積分を考えだしたのは自分が最初だと主張した。

1665年
ロバート・フックの『ミクログラフィア』が刊行され、植物は小さな細胞からできていることが明らかになる。

1665年9月
アイザック・ニュートンは、リンゴが落ちるのを見て、万有引力（重力）に関心をもったといわれている。

1665年11月から、ニュートンは3年をついやして、小さな値を計算する方法を考えた。いまでいう微分積分だが、ニュートンはそれを「流率」とよんだ。

これは幾何と代数をくみあわせたもので、変化する量を"流量"とし、流量の変化の比を流率とした。

たとえば、走った速度の変化を知るには、走った距離の変化を時間ごとに見ていけばよい。

微分積分を使えば、曲線の長さや、不規則なかたちをした図形の面積をもとめることができる。

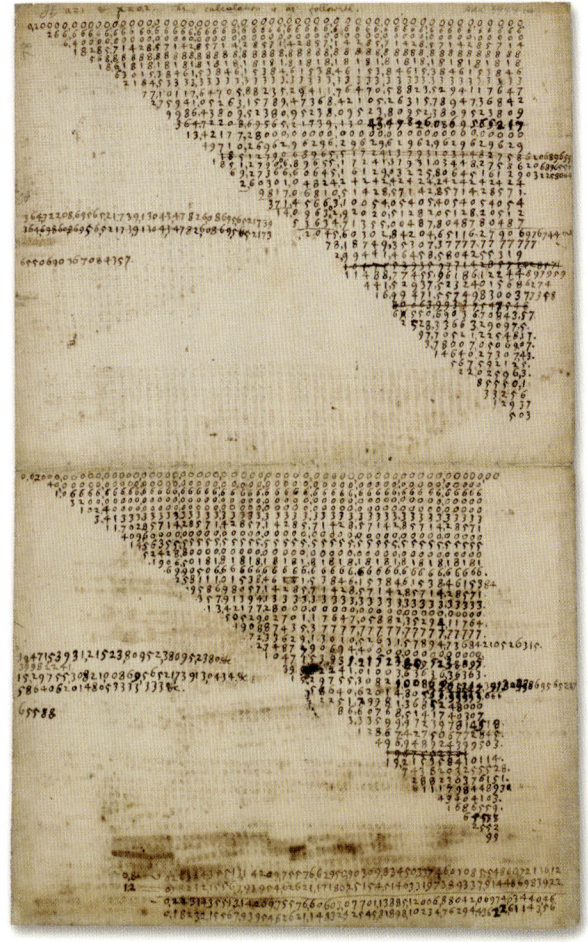

ニュートンの時代には、電卓もなければコンピュータもない。ニュートンは頭脳だけで、対数を小数点以下55桁まで計算した。なにかが永遠につづくこと、"無限"というものに、ニュートンは魅せられた。そして、ひとつの数を割って小さくし、それを何度もくりかえしてどんどん小さくしていっても、けっしてゼロにならないのはなぜだろう、と考えた。

小石でかぞえる

英語のcalculus（計算法／微分積分法）の語源は、ラテン語の「小石」だ。ギリシア人やローマ人は、小石を使って数をかぞえたのだ。ただし、ニュートンが考えだした方法は、そんなに単純ではない！

1665年11月
ニュートン、「流率（微積分）」という数学的課題にとりくむ。

1666年3月20日
ニュートン、数か月ほどケンブリッジへ。

30　きらめく才能

新しい科学

上のノートは、ニュートンによる危険な眼球実験の図

若いころのアイザック・ニュートンがとりくんだ研究のおおもとは、いまでいう物理学だ。ニュートンは、自分の考えているものは物質の最小単位、「原子」にちがいないと考えた。また、実験をかさねて、光の性質を知ろうとした。

ニュートンは、ヘンリー・モア（1614〜87）の「原子論」の論文を読んでいた。モアはグランサム生まれの、ケンブリッジ大学の哲学者だ。ニュートンはまた、フランスの科学者ピエール・ガッサンディ（1592〜1655）の原子論も読んだ。そして原子は物質の最小単位として存在してはいるが、あまりに小さいために目で見ることはできない、と考えた。

イギリスの物理学者ジョゼフ・ジョン・トムソンが、原子のなかにはさらに小さな粒子、つまり電子があることを発見したのは1897年になってからのことだ。さらにその後、原子には陽子や中性子など、ほかにも素粒子があることが発見された。

それでは、光は？　いまの科学では、光は波の形で移動するエネルギーだとわかっているが、ニュートンは光も粒子からできていると信じた。いま、量子論とよばれる現代科学の分野を見ると、ニュートンは部分的に正しかったことがわかる。

1666年
アイザック・ニュートン、光の性質をプリズムで研究する。

1666年
ニュートン、万有引力の法則をさらに発展させる。

新しい科学

ルネ・デカルトは、光は圧力の一種で、色は光と闇が混じりあってできると信じていた。

ニュートンはしかし、そうは思わなかった。そして危険きわまりない実験をした。ボドキン（針の一種）を自分の目のなか、眼球の奥に差しこみ、なにが起きるかを調べて、見えた色を書いたのだ。

またあるときは、鏡にうつる太陽をじっと見つめたりもした。そんな無謀な実験をしても盲目にならずにすんだのは、幸運としかいいようがない。ただし、実験のあとは3日間、真っ暗な部屋ですごさなくてはいけなかったという。

ニュートンは、そこまで危険ではない実験もした。ケンブリッジの近く、スタワーブリッジの定期市で買った三角形のガラス——"プリズム"を利用した実験だ。

プリズムは、太陽の光が通過すると、色の帯のようなものをつくりだす。そこからニュートンは、白い光は異なる色からできていることに気づいた。光がプリズムを通過して曲がる（屈折する）と、その異なる色が目に見えるようになるのだ。

これと同じ現象が、雨あがりの虹だ。雨粒が自然のプリズムになって太陽の光を分散し、七色の虹をつくる。

ニュートンのこの大発見によって、光の研究は飛躍的に進歩した。

こだわりの赤

ニュートンが好きな色は、いつもきまって深紅だった。自分の部屋のカーテンやクッション、その他の家具や布まで、できるかぎり深紅のものを選んだ。

光がガラスのプリズムを通過すると、このように屈折して、色の帯になる（紫、藍、青、緑、黄、橙、赤）。この色の帯を「スペクトル」という。

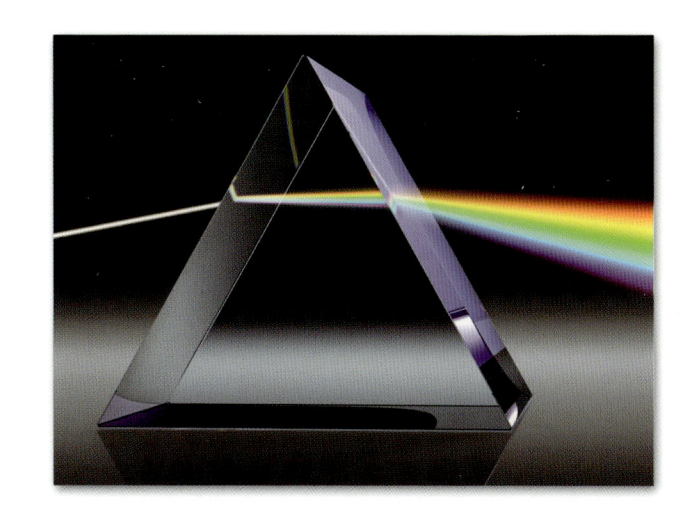

1666年6月
ペストがふたたび流行し、ニュートンはウールズソープに避難する。

1666年7月
オランダとイングランド、海戦する。

32　きらめく才能

　夏も終わりに近いある日、ウールズソープの果樹園で椅子にすわっていたニュートンは、びくっとした。リンゴの実が、とつぜん枝から落ちたのだ。これがきっかけでニュートンは、地面（地球）へ向けて物を引っぱる力、「万有引力」について考えはじめた——。という話が、何年もたってから広まって、このリンゴは歴史上、もっとも有名な、伝説的なくだものになった。

　しかしニュートンは、これよりまえにも万有引力（重力）について考えたことがあったにちがいない。なぜなら、重力に関するガリレオとケプラーの論文をすでに読んでいたからだ。とはいえ、リンゴが枝から落ちたことで、もういちど重力のことを考えるようになったのかもしれない。それから20年ものあいだ、ニュートンは自分の理論を完成させるいっぽうで、つねに重力について考えた。

　ペストが流行しているあいだ、のどかなリンカンシャーでの暮らしは、ニュートンにとってひらめきの宝庫となった。現在のウールズソープにあるリンゴの木は、ニュートンがいたころから1820年まであった木の子孫だといわれている。

1666年9月2日
ロンドンのプディング・レーンで、大火災が発生する。

1666年9月6日
聖ポール大聖堂まで燃やしたロンドンの大火、ようやく鎮火する。

新しい科学　33

「その年［1665年］、わたしは月の軌道にまでおよぶ重力について
考えはじめた……そして地球の表面にはたらく重力は、
どの程度の力で月をその軌道にとどめているのかを計算し、
ほぼ解答に近いものを得られた。
どれも1665年から66年、ペストの2年間でのことだ。
わたしの研究生活にとって、もっとも重要な時期であり、
あの日々ほど数学と哲学に没頭できたことはない」
──アイザック・ニュートン、ウールズソープですごした日々をふりかえって──

　もし重力がリンゴを落下させたのなら、なぜ月は、重力で地球に引っぱられないのだろう？　ニュートンはそこで、べつの角度から考えてみた。月はなぜ、宇宙のかなたへ飛んでいってしまわないのか？　それは地球の重力が、月を軌道にとどめているからではないか？

　重力は、地球上の物体だけでなく、天体すべてにはたらくのかもしれない──。そう考えた最初の人が、ニュートンだった。紐のついたボールが人の頭の上をまわりつづけるように、月はけっして宇宙のかなたへ飛んでいくことがない。逆に、リンゴのように落ちてこないのは、あれだけ遠いと、重力が地表よりも弱いからだ。

　1667年4月、ニュートンはウールズソープをあとにした。ペストの恐怖が消え、ケンブリッジ大学が講義を再開したからだ。母がいくらか資金をくれて、ニュートンは大学めざし、南へ旅立った。

　いなかでの日々は、ニュートンに多くのものをもたらしてくれた。ほとんどの人は、このケンブリッジの若い研究者の名前をまだ知らない。けれどニュートンは、すでに時代を代表する傑出した科学者、当時のいい方をすれば一級の"自然哲学者"になっていた。

1666年12月
ロンドンのペストの流行、おさまる。

1667年4月
アイザック・ニュートン、ケンブリッジ大学にもどる。

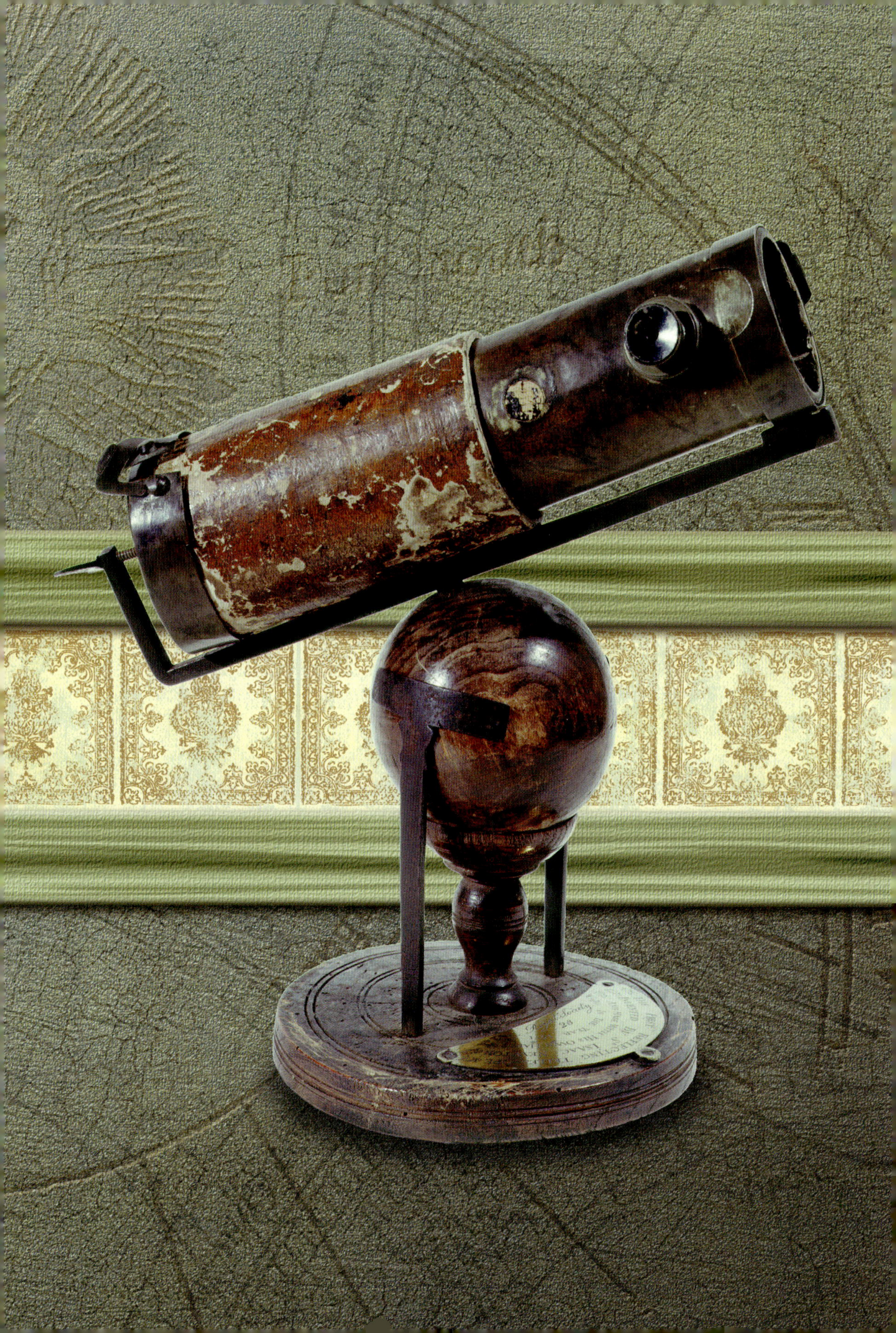

研究生活

ニュートンは、ケンブリッジに帰った。1667年の夏はくつろいで、気楽な日々を送る。こんな生活は、おそらくはじめてだっただろう。トランプで遊び、酒場にも足をはこんだ。もちろんニュートンは、つぎの研究テーマについても考えていた。

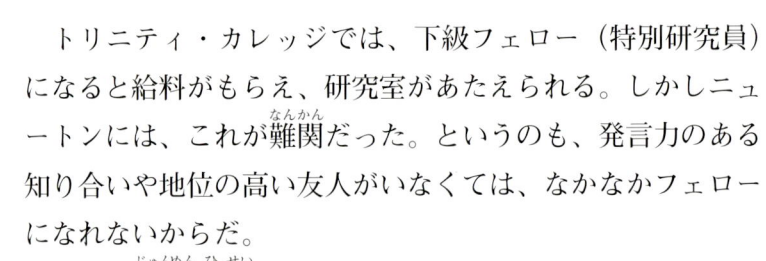

トリニティ・カレッジでは、下級フェロー（特別研究員）になると給料がもらえ、研究室があたえられる。しかしニュートンには、これが難関だった。というのも、発言力のある知り合いや地位の高い友人がいなくては、なかなかフェローになれないからだ。

ただ、準免費生でしかなかったニュートンにも、ハンフリー・バビントンという知り合いはいた。バビントンは、ニュートンがグランサムで下宿していたクラーク家の親戚で、この年、上級フェローになっていたのだ。

1667年9月、ニュートンは試験をうけ、10月の下級フェローの選考に合格する。あくる年には上級フェローになり、修士号もとった。

そんなニュートンの研究が、アイザック・バロー教授（1630～77）の目にとまった。1664年から、数学分野の教授職である"ルーカス教授"の地位にあったバローは、この若い研究者の才能をみとめ、1669年、ニュートンを自分の後任においた。

しかし、ルーカス教授になるには、聖職者の資格をもって

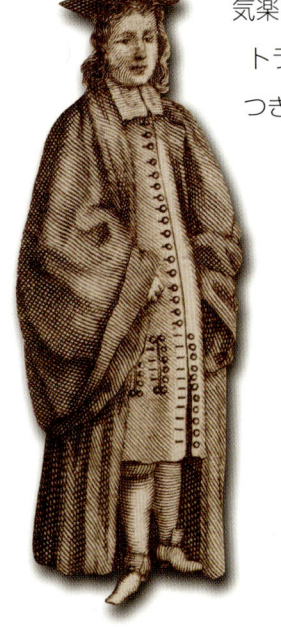

上◆ニュートンはケンブリッジにもどるのに、大学の学士にふさわしい服（帽子、ガウン、フード）を買わなくてはいけなかった。

前ページの写真◆ニュートンは1668年、この精巧な望遠鏡をつくった。

1667年10月2日
アイザック・ニュートン、トリニティ・カレッジの下級フェローになる。翌年の1668年3月16日には、上級フェローに。

1668年2月
ニュートン、新型の望遠鏡をつくりはじめる。

研究生活　37

ルーカス教授

ケンブリッジ大学の"ルーカス教授"職は、1664年、発案者のヘンリー・ルーカスの名前をとって設けられた。ニュートン以降の有名なルーカス教授には、計算機の発明者チャールズ・バベッジ、ブラックホールの専門家スティーヴン・ホーキングがいる。

いることが条件だ。最初はニュートンもそれを承諾したものの、なかなか資格を得ようとはしなかった。このころのニュートンはもう、教会の三位一体の考えをうけいれられなかったのだ。三位一体というのは、神は「父と子と聖霊」の三位が一体になった存在である、という考えだ。

1675年、大学はついに、聖職者の資格がなくてもよいと決定。ニュートンはこの年からルーカス教授となった。

トリニティ・カレッジで再現されたニュートンの机。光を分光させるプリズム、宇宙研究用のアストロラーベ（天体観測儀）、対数表などがある。

1668年8月5日
ニュートン、はじめてロンドンを訪れる。

1669年10月29日
ニュートン、ルーカス教授に選任される。実際にその職につくのは、1675年。

錬金術と望遠鏡

　ルーカス教授という新しい地位についたニュートンだが、人を相手にするのは苦手だった。講義をしても、出席する学生はほとんどいない。ただ、当時のケンブリッジでは、これはとくにめずらしいことではなかった。そしてニュートン自身、しばらくのあいだ、数学からはなれた。またべつの、新しいことに夢中になったからだ。それは、錬金術だった。

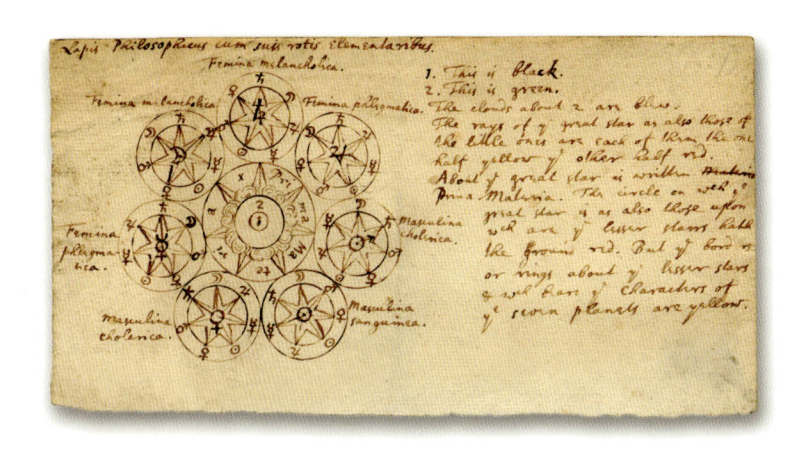

ニュートンは、謎につつまれた「賢者の石」をこのような絵で表現した。いくつもの発見をした天才でも、この問題では解答を見つけられなかった。

　錬金術は古い時代の化学ともいえるが、科学的というよりはむしろ神秘的だった。錬金術の目的は、宇宙と象徴的に合体することなのだ。ここで宇宙は、大地と空気、火と水のように、正反対でありながら、たがいに必要としあう物質や原理からなっている。そして物質が完璧に結合したものが金で、金は神の象徴だと信じられた。こうして錬金術師はやっきになって、ありきたりの安い金属を金に変えようとした。ただし、大半は崇高な目的からではなく、ひと儲けするためだ。錬金術が、まやかしや詐欺のたぐいと混同されるようになったのも、当然といえば当然だろう。錬金術師は、悪魔と手を結んでいるといわれることさえあった。

1669年
アイザック・ニュートン、錬金術の科学的実験をする。

1669年
ドイツの錬金術師ヘーニヒ・ブランツが、「賢者の石」をさがしているとき、燐を発見する。

錬金術と望遠鏡　39

　ただ、まやかしや詐欺が横行するなかでも、金属とほかの物質を混ぜあわせる錬金術師たちの実験がすべてむだに終わったわけではないし、ときには思いがけない発見もあった。

　あらゆる物質がとても小さな原子からできているなら、それを配列しなおして、ある金属をべつの金属に変えることができる——たとえば銅を金に変えられると考えても、とくにふしぎはない。

　こうして何人もの偉大な科学者たちが、錬金術に興味をもった。現代化学の父といわれるアイルランドの科学者ロバート・ボイル（1627〜91）も、そんな錬金術師のひとりだ。

　だからニュートンが、1660年代後半から錬金術の実験をはじめたからといって、それほどおどろくことでもないだろう。伝えられるところでは、1677年、ニュートンは実験中に大学の部屋を吹き飛ばし、火事騒ぎを起こしたことまであるらしい。

　ニュートンは、ほかの錬金術師たちに手紙を送った。ただし、あくまでこっそりと。もしだれかに知られたら、黒魔術など、宗教的な罪で訴えられてしまう可能性があったからだ。

1652年に描かれた錬金術の工房。るつぼ、炉、壺があるのがわかる。

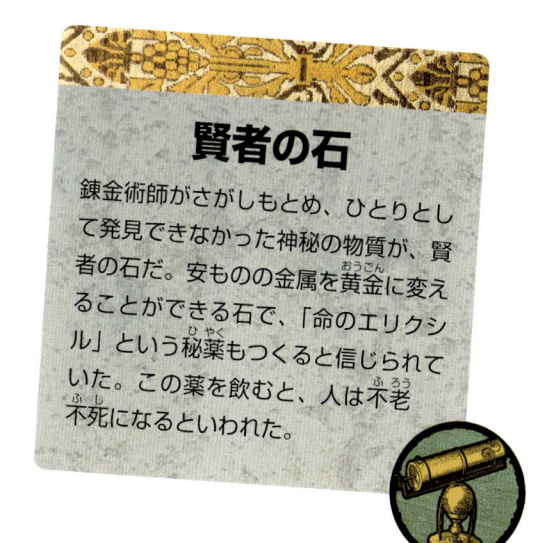

賢者の石

錬金術師がさがしもとめ、ひとりとして発見できなかった神秘の物質が、賢者の石だ。安ものの金属を黄金に変えることができる石で、「命のエリクシル」という秘薬もつくると信じられていた。この薬を飲むと、人は不老不死になるといわれた。

1669年11月
ミケランジェロ、教皇パウロ3世から、ローマのカピトリウムの丘の再設計を依頼される。

1670年
建築家クリストファー・レンの指揮で、ロンドンの再建が始まる。

40　宇宙の神秘

手づくり

ニュートンは子どものころから手先が器用だった。新型の反射望遠鏡は、なにからなにまでニュートンの手づくりだ。小さな部品も自分の手でつくり、組み立てて、鏡もみがいた。

ニュートンが錬金術に興味をもったのは、好奇心にあふれ、偏見をもたない理想家だったからで、おもしろ半分に魔術に手をそめてみたい人たちとはちがった。

それどころか、迷信を追いはらい、ほんとうの科学の時代をもたらしたのが、ニュートンだった。

ニュートンはこのころ、宇宙の神秘を研究する具体的な道具を完成させるところで、それがいまいう「ニュートン式反射望遠鏡」だ。

屈折望遠鏡の最初のタイプは、1608年、オランダのめがね職人ハンス・リッペルスハイ（1619ごろ没）が発明し、1610年にはガリレオが大幅に改良して、こんにちまで使われている。このしくみでは、光は望遠鏡の筒に入って、内向きにカーブした凹レンズを通る。そして凹レンズが光を屈折させ、像が結ばれる。この像は、接眼部にある第2レンズによって拡大される。

望遠鏡を改良しようとした科学者はほかにもいる。1663年、スコットランドの数学者ジェイムズ・グレゴリー（1638〜75）は、鏡を使えば像がよりきれいになることをしめした。

最初の反射望遠鏡をつくったのはロバート・フック（1635〜1703）で、フックはこれで夜空をながめ、いくつもの発見をした。

とはいえ、それよりはるかにすぐれた望遠鏡を設計し、組み立てたのがニュートンだ。1668年2月に完成した反射望遠鏡は、遠くはなれた物を40倍も拡大して見ることができた。望遠鏡の筒に入った光は、凹形の鏡から、45度の角度で設置されたたいらな鏡に反射する。それから接眼レンズにうつって拡大されるというしくみだった。

1670年1月
アイザック・ニュートン、光学に関する初講義をおこなう。

1671年12月
ニュートンの反射望遠鏡が王立協会で公開実験され、ニュートンは会員に推薦される。

錬金術と望遠鏡　41

　1671年、ニュートンの望遠鏡が、王立協会と国王チャールズ2世のもとで披露された。王立協会は、最高の権威をほこる科学者の団体だ。

　このときの論文は、オランダの大科学者クリスティアン・ホイヘンス（1629～95）にも送られた。ホイヘンスは光学（光の性質と作用を研究する学問）の専門家で、時代の先端をいく科学者たちが論文を交換するのは当時の習慣だった。

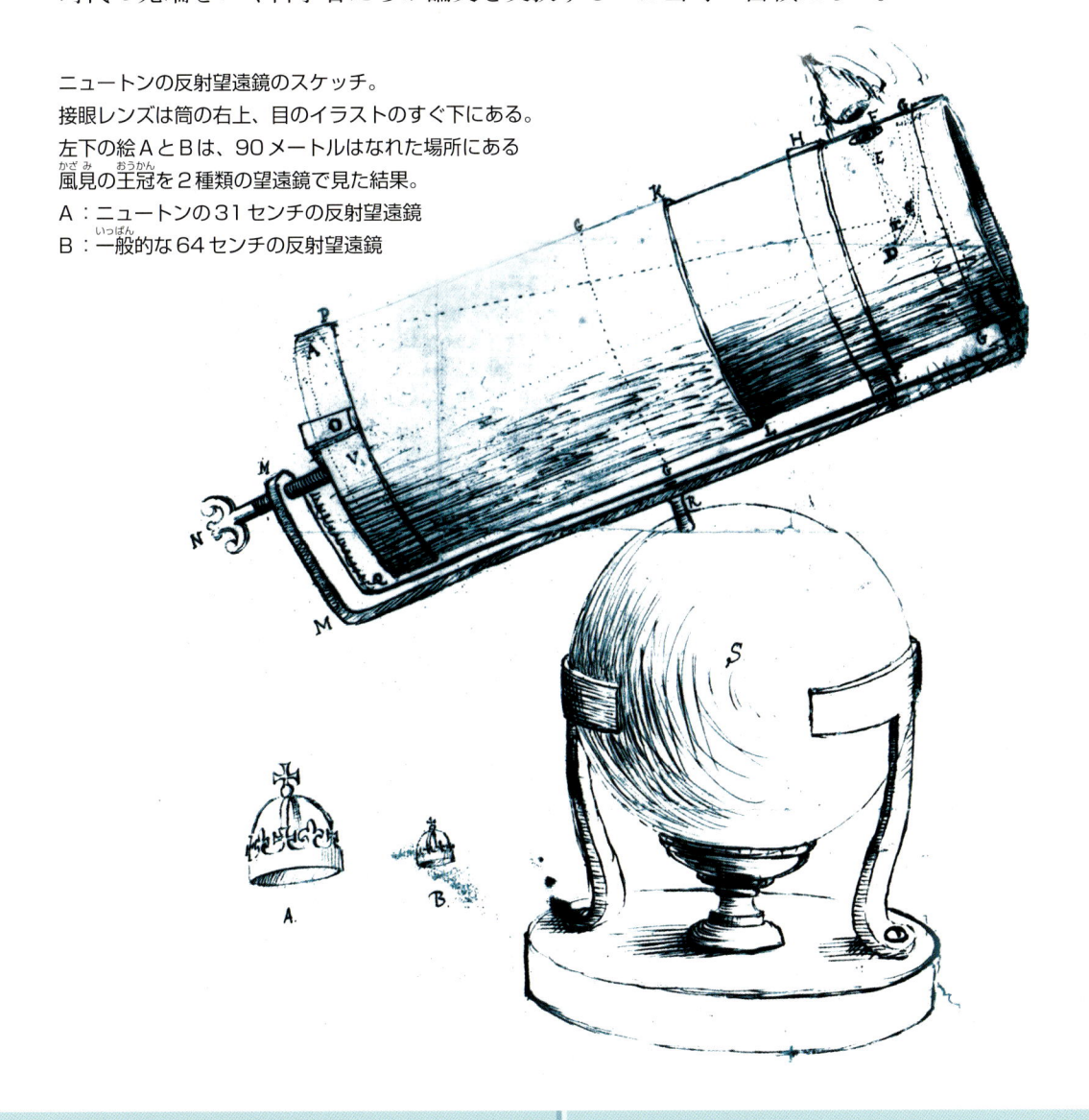

ニュートンの反射望遠鏡のスケッチ。
接眼レンズは筒の右上、目のイラストのすぐ下にある。
左下の絵AとBは、90メートルはなれた場所にある
風見の王冠を2種類の望遠鏡で見た結果。
A：ニュートンの31センチの反射望遠鏡
B：一般的な64センチの反射望遠鏡

1672年1月11日
ニュートン、王立協会の会員になる。

1672年2月8日
ニュートン、光と色に関する論文を王立協会に送り、それをロバート・フックが評論する。

王立協会

　1640年代、自然哲学者と数学者たちは議論をしたり、研究成果を比較したりするために、ロンドンで会合をひらくようになった。また、オクスフォード大学のウォダム・カレッジで会合していた自然哲学者たちとも親しかったので、1659年からは、ロンドンのグレシャム・カレッジに集まることにした。こうして1660年、正式な科学の学会として「王立協会（ロイヤル・ソサエティ）」が設立され、62年に国王の特許状を得る。その主要会員のひとりが偉大な物理学者にして化学者のロバート・ボイルで、初代の実験部長はロバート・フックだ。1671年、天文学者セス・ウォード（1617～89）がアイザック・ニュートンを推薦し、翌年1月、ニュートンは会員に選ばれた。ただし、ニュートンとフックはそりがあわず、口論もめずらしくなかったという。フックは議論好きで、ニュートンは短気だった。

左◆王立協会は、協会独自の研究を誇りとした。実験による証明は信じるが、仮定や思いこみは排除する。この絵は初期の顕微鏡で、会員のロバート・フックが設計したもの。フックはすぐれた物理学者、天文学者、発明家、建築家だった。

右◆ニュートンは1699年、王立協会の議長に選出され、1703年11月30日には会長になった。これはその後期のころの絵で、会議のあいだ、ニュートンは中央の席にすわった。

左◆王立協会の役員選挙の告示（1712年）。右下に、会長だったニュートンの署名がある。王立協会の会員には、歴史に残る偉大な科学者が何人もいた。

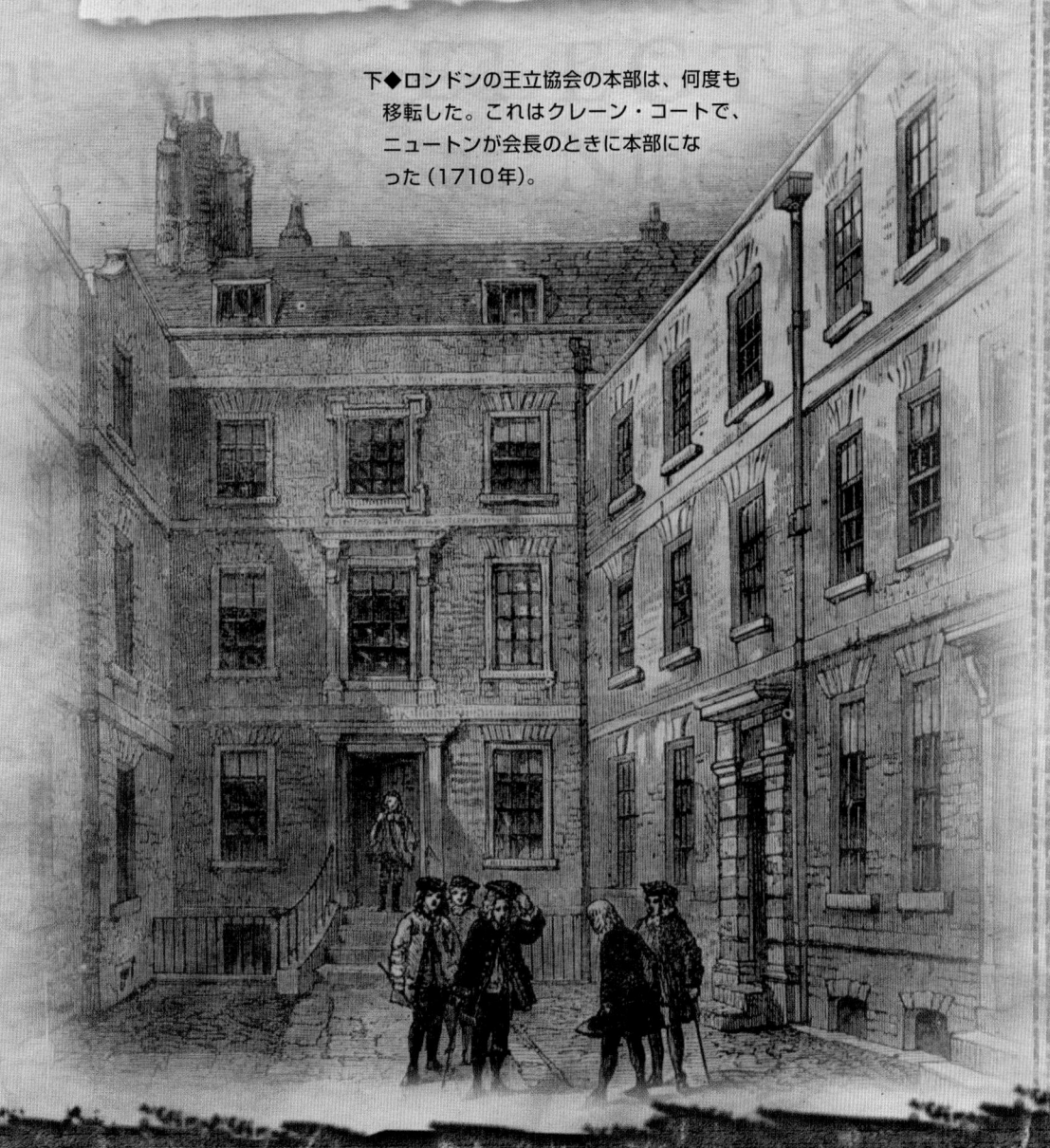

下◆ロンドンの王立協会の本部は、何度も移転した。これはクレーン・コートで、ニュートンが会長のときに本部になった（1710年）。

44　宇宙の神秘

すい星のしっぽ

1679年、ニュートンの母ハンナが熱病で亡くなった。ニュートンは雑事をかたづけるため、ケンブリッジからウールズソープへ帰る。37歳のニュートンは、王立協会でも名のある会員になっていた。

このころ、ニュートンが夢中だったのは天文学だ。1679年から80年にかけて、ロバート・フックと惑星の運行に関する手紙を交換したりもした。ニュートンはまた、すい星も観察しつづけた。すい星は主にちりと氷からできた小さな天体で、太陽に近づくと長い尾を見せる。古代の人びとは、すい星は天災や重要な出来事のまえぶれだと考えた。

ニュートンの時代でもまだ、すい星とはどういうものか、どんな動きをするのか、ほとんどわかっていなかった。クリスティアン・ホイヘンスなど一部の科学者は、すい星は直進すると信じ、ロバート・フックやイタリアの天文学者ジョヴァンニ・カッシーニ（1625～1712）は、太陽のまわりを曲線の軌道でまわっていると考えた。

1684年、ニュートンは惑星の運行と万有引力（重力）について、ロバート・フック、エドモンド・ハリー、クリストファー・レンと意見を交換した。その後ニュートンは、『De Motu Corporum in Gyrum（軌道を描く天体の動きについて）』という一連の論文をラテン語で書いた。

1680～81年
アイザック・ニュートン、すい星を観察する。

1684年1月
ニュートン、ハリー、フック、レン、重力と惑星の運行について議論する。

テムズ川沿いに新しくできたグリニッジ天文台。イギリス初の王立天文台の長官は、ジョン・フラムスティード。

1684年から翌年にかけて、ニュートンは1680年に観測されたすい星の通り道が、たしかに曲線であることを計算によってしめした。そしてすい星は宇宙でなにかの役割、たとえば太陽の燃料を補給するような役割をしているのではないかと考えた。この推測はまちがっていたが、イギリスの天文学者エドモンド・ハリー（1656〜1742）は、ニュートンの計算のおかげで、1682年に観測したすい星が1758年から59年にふたたび軌道上にあらわれるのを正確に予測できた（ハレーすい星）。また、宇宙にはエーテルという気体が満ちているというのが定説だったが、ニュートンによる軌道の計算によって、それは事実でないことが証明された。惑星が宇宙を動くとき、エーテルのようなもののせいで減速などしないことがわかったのだ。

　ニュートンが惑星や月、軌道の研究をつづけられたのは、天文学者ジョン・フラムスティード（1646〜1719）が正確な仕事をしてくれたおかげだった。とはいえ、ニュートンはフラムスティードを、計算をしあげるのがおそい、だから自分の研究がおくれるのだと責めたりもした。

コーヒー熱

1680年代、ニュートンは折りにふれ、ロンドンを訪れた。当時のロンドンではコーヒーハウスに行くのが流行で、実業家や政治家はコーヒーハウスで取り引きしたり、うわさ話や最新情報を交換したりした。ニュートンも、同僚たちとコーヒーハウスで科学談義をすることがあった、という歴史家もいる。

1684年11月
王立協会、ニュートンの『軌道を描く天体の動きについて』を正式に受領する。

1684年12月
ゴットフリート・ライプニッツ、微積分の理論をしめす『極大、極小および接線に関する新しい方法とその特殊な計算法』を発表。

歴史に名を残す

4

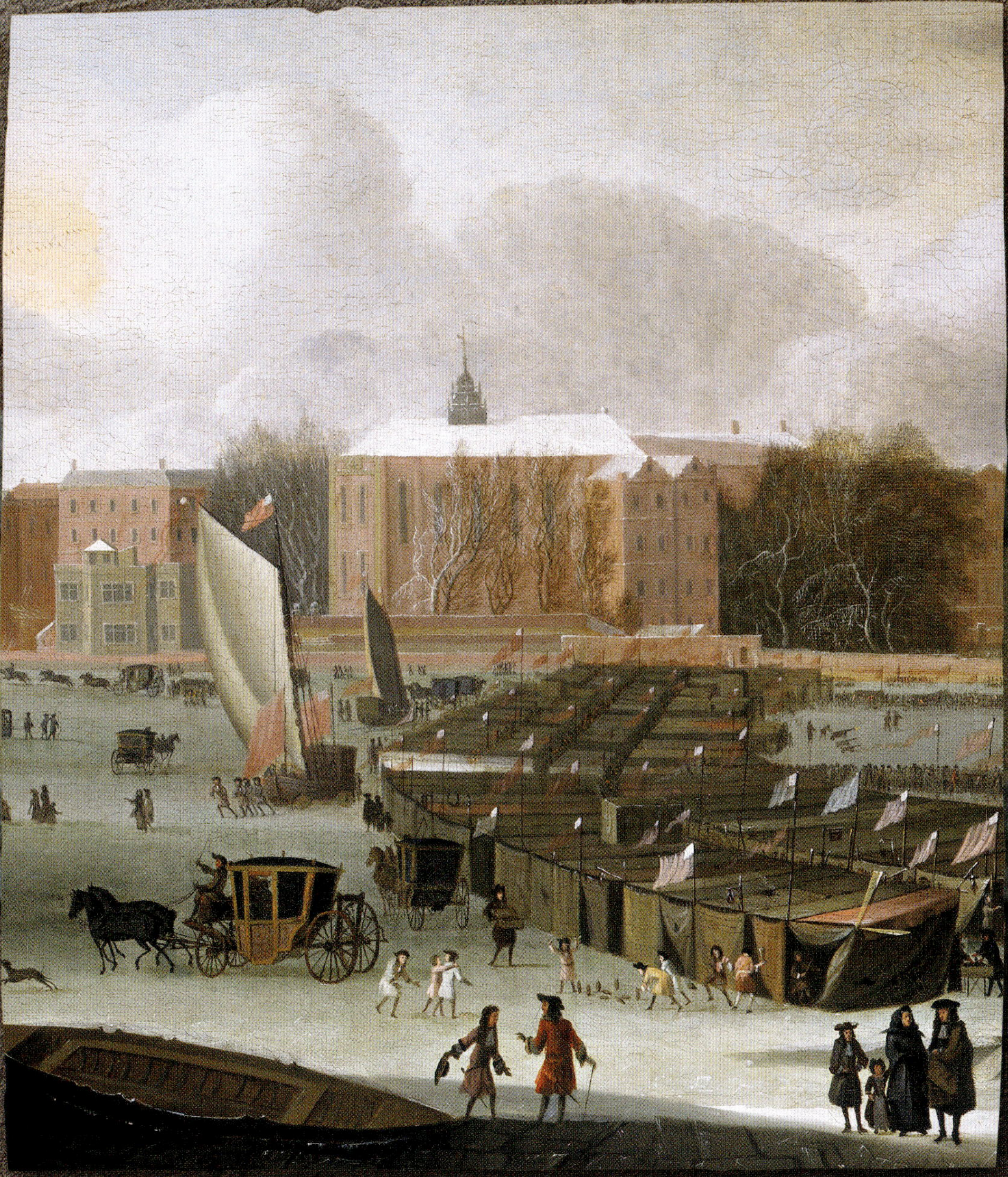

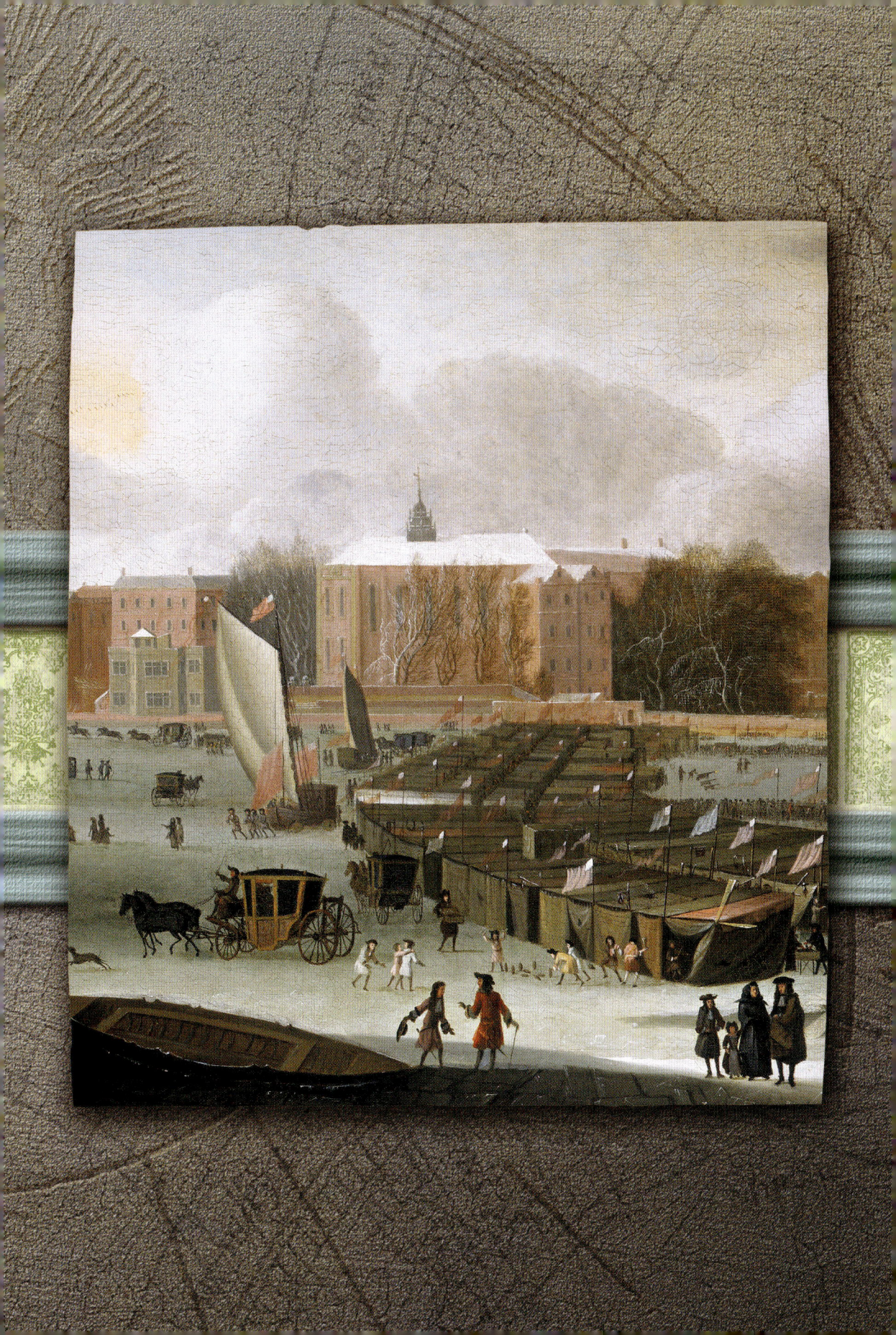

48　歴史に名を残す

プリンキピア

　ニュートンの才能あふれるさまざまな研究は、20年にわたって何度も考えなおされ、書きなおされ、洗練されつづけた。そしてようやく1686年、研究の集大成『プリンキピア・マテマティカ Principia Mathematica』が出版される。この偉大な科学の書は3巻からなり、ラテン語の書名の意味は、「自然哲学の数学的諸原理」だ。

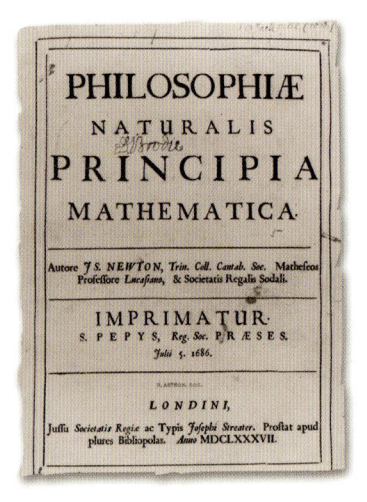

上◆1686年4月、『プリンキピア・マテマティカ』の第1巻が王立協会に提出された。第2巻と3巻は翌年に出版される。

前ページの絵◆ニュートンがロンドンに来たころ、氷のはったテムズ川でひらかれていた「氷祭り」。

　ニュートンは、自然の力をしめす普遍的な運動の法則はないか、と考えた。物体はなぜ動くのか、どのようにして動くのか？　速度が速くなったり、おそくなったり、ときに止まってしまうのは、どんな力がはたらいているからだろう？　ニュートンの答えは、3つの部分からなっていた。

　運動の第1法則——一定の速さで動いている物体は、なにかの力が加えられるまで、同じ状態で動きつづける（慣性の法則）。現代では、宇宙船は万有引力（重力）や惑星の大気で減速されないかぎり、永遠に宇宙空間をただようことがわかっている。いいかえると、外から力が加わらなければ、静止している物体はずっと静止したままでいる。

　運動の第2法則——物体の加速度は、その質量と、外からうける力に左右される（運動の法則）。うける力が大きくなれば加速度は増し（力の大きさに比例する）、質量が大きければ、そのぶん、加速度はおそくなる（質量に反比例する）。

1685年2月6日
国王チャールズ2世が亡くなり、弟のジェイムズ2世がイングランドの王位につく（スコットランド王としてはジェイムズ7世）。

1686年
エドモンド・ハリー、世界初の天気図（気象図）を刊行。

ニュートンはこの関係を方程式であらわした。

力の大きさをF、物体の質量をm、加速度をaとすると、

F＝ma

の等式がなりたつ（運動方程式）。

力は質量と加速度に比例する、ということだ。

運動の第3法則——どんな動きにも作用と反作用がある（作用・反作用の法則）。たとえば、水をおしのけながら泳ぐとき、水は泳ぐ人をおしのけている。

『プリンキピア』の第3巻で、ニュートンは万有引力について書いている。宇宙にある物体はなんであれ、ほかの物体と引き合っているというものだ。この引き合う力、万有引力は、それぞれの物体の中心に向かっていて、その強さはふたつの物体の質量と、その距離によって決まる。

犬猿の仲

『プリンキピア・マテマティカ』は、あやうく出版されないところだった。ロバート・フックが、重力に関しては自分の研究がもとになっていると抗議したからだ。ニュートンは、これに激怒した。エドモンド・ハリーがふたりをなだめたおかげで、『プリンキピア』は出版されたのだ。

これはニュートンが46歳のとき。このころにはもう、天才としてうたわれていた。ヨーロッパじゅうで、ニュートンの研究は歴史的偉業とみなされた。

1686〜87年
『プリンキピア・マテマティカ』（全3巻）が王立協会に提出され、ハリーの手助けがあって出版にいたる。

1688年
イギリスで名誉革命が起こる。

友とライバル

『プリンキピア』の出版は、科学者ニュートンにとって、研究生活の頂点となった。とはいえ、ロバート・フックとのひっきりなしの口論でわかるように、ニュートンはますます短気で怒りっぽくなっていた。怒りがニュートンのひらめきを刺激することもあったが、それよりむしろ内にこもり、ニュートンは沈みこんだ。

ニュートンは病気がちになった。これまでも、自分にはひとつかふたつ病気があるにちがいないと想像はしていた。そして1693年、ニュートンはいまでいうノイローゼになり、深刻なうつ状態がつづく。

ニュートンは自分に科学的な才能があることを信じて疑わなかったし、じっさい、横柄な態度をとることも多かった。しかし、そのいっぽうで、信仰や錬金術に対する考え方が人とはちがうことを知られないよう、つねにぴりぴりした。

おそらく、問題は根深いものになっていたのだろう。子どものころからずっと、なにかがニュートンの心の安らぎとおちつきをむしばみつづけていたのだ。ニュートンはちょっとしたことで怒りを爆発させるようになった。

上◆ニュートンの数すくない親友のひとりが、スイスの数学者ニコラ・ファティオ・ド・デュイリエ(1664〜1753)だった。ふたりはファティオが王立協会の会員になった1689年に知り合うが、ファティオは感情的で、自慢話が好きな若者だった。ただし、ファティオとニュートンの友情も1693年にはこわれてしまう。もしかすると、これが引き金になって、ニュートンはうつ状態になったのかもしれない。

1688年12月23日
国王ジェイムズ2世がフランスに亡命し、王女のメアリーとその夫、オレンジ公ウィリアムが共同統治することが決まる。

1689年
アイザック・ニュートン、ニコラ・ファティオ・ド・デュイリエや哲学者ジョン・ロックと知り合う。

友とライバル　51

　1683年から84年にかけてニュートンの助手をつとめたハンフリー・ニュートン（親戚ではない）は、ニュートンが笑うのを一度しか見たことがないといっている。それも、幾何学について笑ったのだと。
　とはいえニュートンには、苦しい時期をささえてくれる友人もいた。イギリスの大哲学者ジョン・ロック（1632～1704）はニュートンを高く評価して親しくつきあったし、サミュエル・ピープス（1633～1703）もそうだ。ピープスは現在では、ロンドンでの生活をつづった秘密の日記で有名だが、一時期、王立協会の会長もつとめた科学者だ。そして建築家クリストファー・レン（1632～1723）もニュートンの友人で、王立協会の主要メンバーだった。

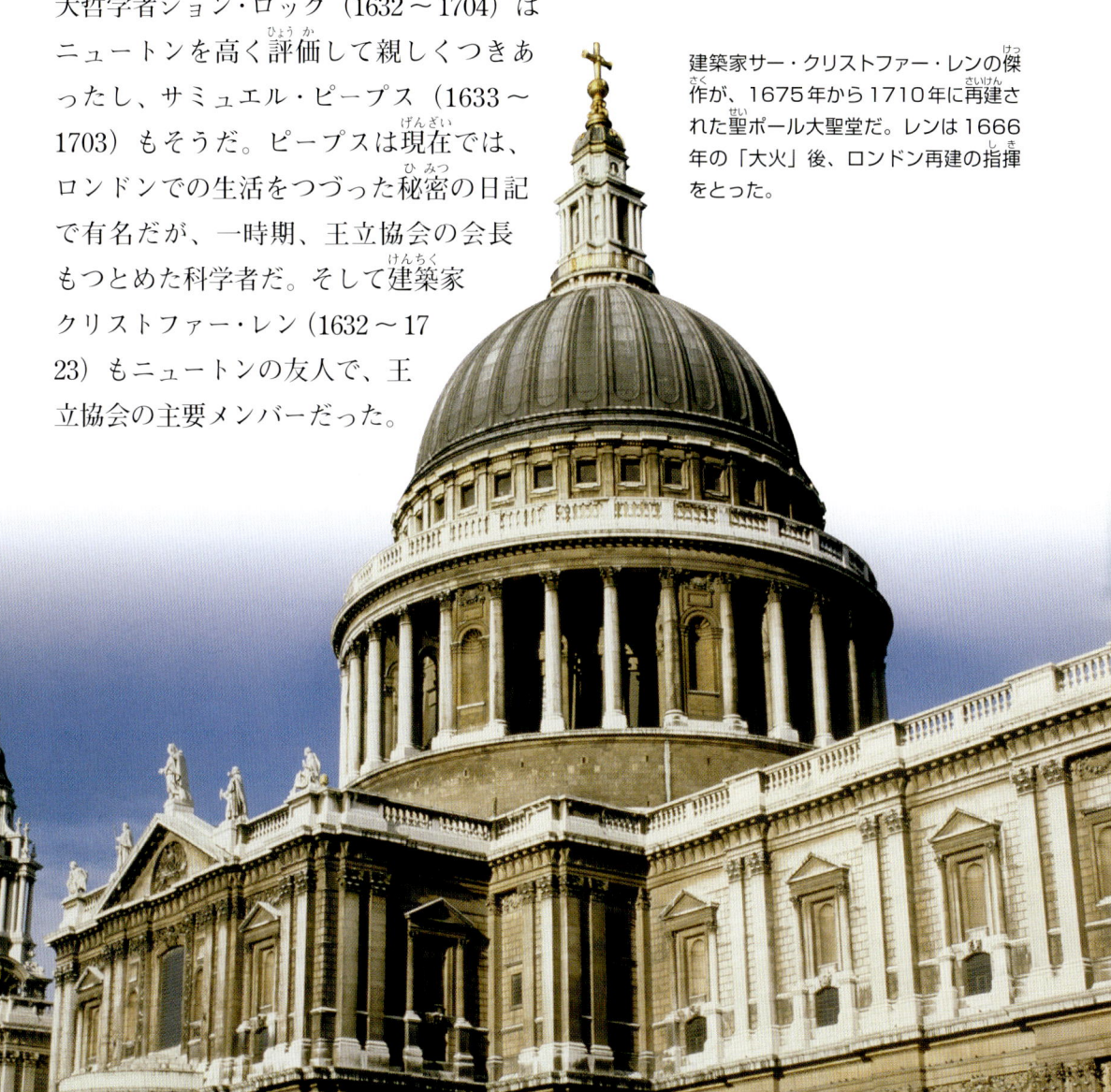

建築家サー・クリストファー・レンの傑作が、1675年から1710年に再建された聖ポール大聖堂だ。レンは1666年の「大火」後、ロンドン再建の指揮をとった。

1692年1月
ニュートン、ロンドンでロバート・ボイルの葬儀に参列する。

1693年7月
ニュートン、深刻なノイローゼ状態になる。

ロンドンの日々

17世紀、ケンブリッジ大学は重要な学術機関として権威があり、大学の代表者を議員にして、ロンドンの議会に送りこむほどだった。1689年、ニュートンはケンブリッジの代表に選ばれ、議員になる。

　ニュートンは1年間、議員をつとめたが、大学に報告書を提出はしても、議会で発言したことは一度もない。こうしてロンドンですごすことが多くなったニュートンは、ジョン・ロックのような友人の影響から、社会的に力のある人たちとつきあいはじめた。

　するとたちまちニュートンは、はなやかな集まりで名士となり、いささか意外なことに、ニュートン自身、それを楽しんだようだ。

　1689年には、新国王ウィリアム3世との会食にまねかれ、マンモス伯チャールズ・モードントやサー・フランシス・マシャム夫妻など、宮廷の権力者たちとも親しくなった。

　また、ニュートンといっしょにカレッジで学んだハリファックス伯チャールズ・モンタギューは、いまや国家の財政を管理する財務長官になっていた。

国王ウィリアム3世とメアリー2世の戴冠を祝う絵皿。メアリーは前王ジェイムズ2世（スコットランド国王としてはジェイムズ7世）の王女で、カトリックの父とちがい、プロテスタントだった。ジェイムズ2世がフランスに亡命すると、メアリーとその夫、オランダのオレンジ公ウィリアムが、1689年からイングランドを共同統治する。

1696年3月
アイザック・ニュートン、王立造幣局の監事になる。

1696年4月
ニュートン、新しい職務につくため、ロンドンに転居。

造幣局で貨幣がつくられているところ（18世紀のフランスの絵画）。ニュートンの時代、イングランドの造幣局はロンドン塔にあった。

1696年3月、ニュートンは貨幣を製造する王立造幣局の監事になった。ただ、たいして仕事があるわけではない。監事の地位は、いわゆる名誉職だったからだ。

それでもニュートンは仕事に熱心で、古い貨幣より偽造しにくいように考えられた新貨幣の導入を監督した。

その年の4月、ニュートンはロンドンへ引っ越すことを決め、8月、ジェレミン通りの家にうつり住んだ。キャサリン・バートンが同居するようになったのも、おそらくこのころだろう。

キャサリンはニュートンの異父妹ハンナの娘で、ニュートンの身のまわりの世話をし、家事をきりもりした。

当時もまだ、ニュートンはケンブリッジのルーカス教授だったが、1699年には造幣局の長官になる。

宇宙の謎にいどむアイザック・ニュートンは、庶民でもその名を知る有名人になったのだ。

にせ金づくりをとりしまる

17世紀はコインの偽造が横行し、コインから値のはる金属がけずりとられたりもした。ニュートンは造幣局時代、にせ金づくりを徹底してとりしまり、何人もが裁判にかけられ、絞首刑になった。

1696年8月
ニュートン、ロンドンのジェレミン通りに新居をかまえる。

1697年1月
ニュートン、ゴットフリート・ライプニッツとヨハン・ベルヌーイから出された数学の難問をひと晩で解く。

54　歴史に名を残す

　ニュートンの名は海外にも知れわたり、1699年にはフランスの科学アカデミーの准会員になる。

　ただし、イギリスの内でも外でも、ニュートンをねたむ科学者はいて、なかにはあからさまに批判する者もいた。ロンドンの上流社会でますます自信をつけたはずのニュートンも、こと研究の話になると、あいかわらず神経質。批判に耳をかたむけるどころか、けっして相手をゆるそうとはしなかった。

　1701年11月、ニュートンはふたたびケンブリッジ大学の代表議員に選ばれ、翌月、ルーカス教授の職をしりぞく。

　1702年、国王ウィリアム3世が乗馬の事故で亡くなった。メアリー2世はすでに他界していたことから、ウィリアム3世の義理の妹アンが女王になる。

　1703年3月、訃報がもうひとつ、とどいた。ニュートンの長年のライバル、ロバート・フックがこの世を去ったのだ。

60歳のニュートン（1703年）。チャールズ・ジャーヴァスが描き、1717年、王立協会へ寄贈された。

1701年12月10日
アイザック・ニュートン、ケンブリッジ大学のルーカス教授職を辞する。

1703年11月30日
ニュートン、王立協会の会長に選ばれる。

フックの死で、ニュートンはなんの障害もなく王立協会の会長に選ばれた。その後、組織を運営する手腕はみごとだったという。

ニュートンはまた、うるさく反論するフックがいなくなって、ようやく光学に関する本を出版できる、とも思った。フックは長年、ニュートンのスペクトルの発見に異議をとなえていたからだ。

こうして1704年、『光学』が出版された。しかも異例なことに、ラテン語版だけでなく英語版もだ。そして「流率」と命名されたニュートンの微積分法の解説も印刷された。しかし、こちらはたちまち、ドイツの数学者ゴットフリート・ライプニッツともめることになる。どちらが先に微積分法をみちびきだしたかの論争は、1716年にライプニッツが亡くなるまでつづいた。

1705年、ニュートンはイギリス人としてこのうえない栄誉をあたえられる。アン女王から、ナイト爵に叙せられたのだ。彼はいまや、"サー"・アイザック・ニュートンだった。

経済的にも裕福で、ロンドンの大邸宅には召使いが何人もいる。利発で美しい姪は、お金持ちの有名人に求愛されるほどだ。

リンカンシャーの農家の息子は、長い道のりを経て、ようやくここまでたどりついた。

1710年、サー・アイザック・ニュートンは、ロンドンのレスター・スクエアに近いこの家に引っ越し、1725年まで暮らした。上の絵は、建物が日曜学校になった1812年ころのもの。

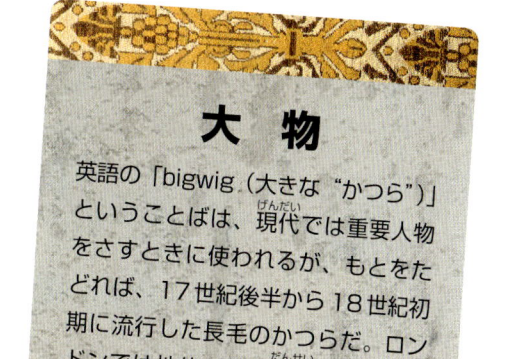

大物

英語の「bigwig（大きな"かつら"）」ということばは、現代では重要人物をさすときに使われるが、もとをたどれば、17世紀後半から18世紀初期に流行した長毛のかつらだ。ロンドンでは地位の高い男性がこのかつらをつけ、後年のニュートンの肖像画を見ても、たいていはこのかつらをつけている。

1704年2月
ニュートン、『光学』を刊行する。

1705年4月16日
ニュートン、ケンブリッジでアン女王からナイト爵に叙せられる。

「すべては光になった」

18世紀は「理性の時代」、「啓蒙」の時代ともいわれる。近代社会の夜明け、科学の進歩の始まりだった。ニュートンは"自然哲学者"とよばれた最後の世代のひとりだが、近代科学のあけぼのに、ひときわ大きく貢献した。その死後も、ニュートンのはたした役割は、時代を問わず広くたたえられた。イギリスの詩人アレクサンダー・ポープ（1688～1744）は1730年、つぎのようにニュートンを賛美した。

上◆ニュートンが残したものを、すべての人がたたえたわけではない。詩人にして画家のウィリアム・ブレイク（1757～1827）は、科学の時代は人間の想像力と夢をないがしろにしたという。上の絵は、1795年のブレイクの作品。ニュートンがけわしい顔つきで宇宙をはかりながら、自分の描いた図形を見おろしている。

「自然と自然の法則は
夜の闇にかくれている。
神はいいたもう、
ニュートンよ、在れ！
そしてすべては光になった」

ニュートンの光は、時代や地域をこえて人びとを照らし、すばらしい科学的発見、発明、理論の道しるべとなった。ニュートンの名は、いまでもさまざまなかたちで残っている。たとえば、力の単位「ニュートン」は、アイザック・ニュートンにちなんだものだ。

左◆アルバート・アインシュタイン（1879～1955）もニュートンと同じく、重力や光、運動、そして宇宙に魅せられた。とはいえアインシュタインは、ニュートンの運動の法則はみんなが信じているほど確実なものではないことに気づく。そして時間と運動は不変の法則にはしたがっていないことをしめした。時間と運動は、移動する速度によって変化するというアインシュタインの理論は、相対性理論とよばれる。

Birth of a Princess 57

地球が、月の地平線からのぼっている。1969年11月、宇宙船アポロ12号から見た光景。アイザック・ニュートンの重力理論がなければ、宇宙旅行などとうていできなかっただろう。

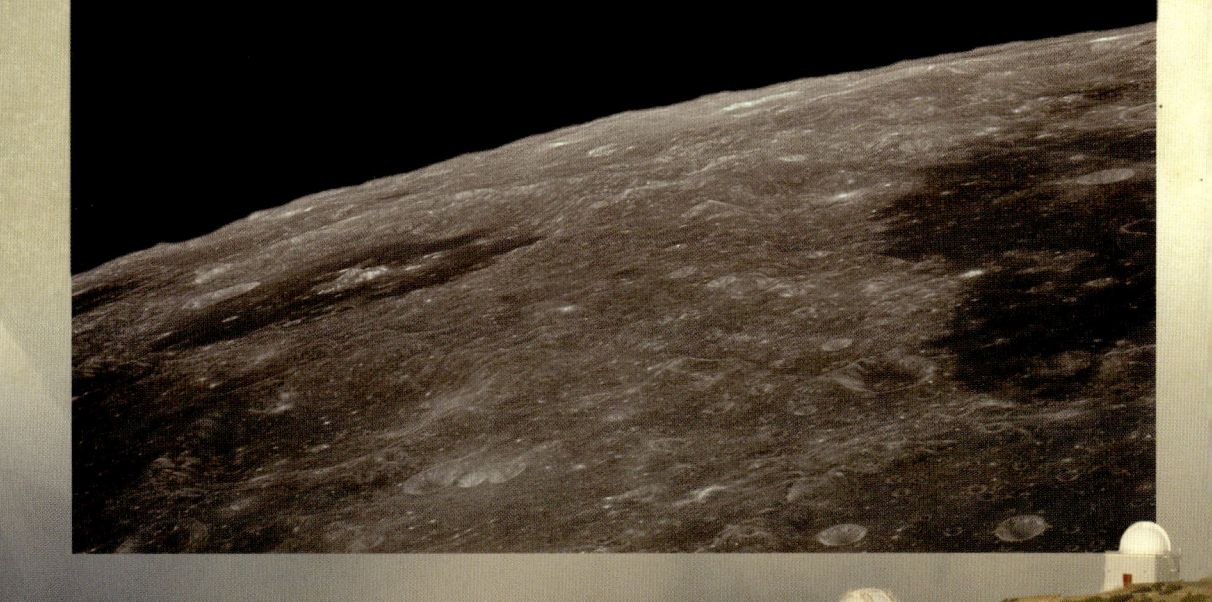

このドームの集まりは、アイザック・ニュートン・グループ望遠鏡（ING）の一部。スペインのカナリア諸島、ラ・パルマにつくられ、1984年から稼働した。

58　歴史に名を残す

熱意の人

歳をとるにつれ、ニュートンは古代史や聖書を読むようになった。自分で人類史を書いてみようとさえしたが、あまりに遠大な仕事だとわかる。それでもなお、ニュートンは体力のおとろえなどかえりみず、仕事をつづけた。

当時のロンドンの話題といえば、政治と金融だった。ニュートンはいまや財産家で、親戚から請われれば、気前よく援助した。

1720年、イギリスは投資ブームのあとで株価が暴落し（「南海泡沫事件」として知られる）、ニュートンも2万ポンド、現在でいえば450万ドルほど（約5億円）を失った。莫大な金額だが、それでもニュートンは変わらず裕福な暮らしをつづけることができた。「天体の運動は計算できても、人間のお金への執着は計算できない」と、ニュートンはいったという。

1725年から、ニュートンの姪キャサリンの夫、ジョン・コンデュイットがニュートンの思い出を書きとめるようになった。ニュートンは、このときすでに82歳。長い人生の物語である。ただし、そのすべてが真実かどうかは、はっきりしない。

ニュートンは寝こみがちで、腎臓結石や痛風、肺炎など、慢性的なさまざまな病気に苦しめられた。食もほそく、たいていはブロス（肉や魚、野菜を煮だしたスープ）だけですませ、車椅子を使うこともあった。

82歳のアイザック・ニュートン。亡くなるまぎわまで、造幣局と王立協会の仕事をつづけようとした。

1716年11月14日
長年のニュートンのライバル、ゴットフリート・ライプニッツが亡くなる。

1725年
ニュートン、キャサリン・バートンの夫ジョン・コンデュイットに思い出を語り聞かせる。

熱意の人　59

> 「わたしという人間が、世間の目にどううつっているかは知らないが、
> 自分では、浜べで遊ぶ子どものようでしかないと思う。
> つるつるした石ころや、きれいな貝がらを夢中になってさがし、
> 目のまえには真理の大海が、発見されないまま広がっている」
> ——アイザック・ニュートン——

　1727年はじめ、ニュートンは余命がすくないことを感じ、私的な書類を大量に燃やした。おそらく、錬金術の研究ノートやごく個人的な文書を燃やしたのだろう。いずれにしてもニュートンは、秘密主義の人だった。

　1727年3月20日の早朝、ニュートンは2年間暮らしたロンドンのケンジントン地区で息をひきとった。

　3月28日、ニュートンの亡骸は、ロンドンのウェストミンスター寺院に安置された。これはごくひと握りの人にしかあたえられない名誉だった。

　4月4日の葬儀では、公爵や伯爵たちが、リンカンシャーの農民の子だったニュートンの棺をはこび、王立協会の名だたる会員が墓地までつきそった。そのようすは、ひとりの科学者というよりも、まるで王族の葬儀のようだったといわれる。

　まちがいなく、時代は変わっていたのだ。

1731年、サー・アイザック・ニュートンの美しい記念碑がウェストミンスター寺院に置かれた。そのラテン語の碑文は、こう結ばれている——「死すべき宿命にあるものたちは心よりうれしく思う、人類にこれほど偉大な光が存在したことを」

1727年3月20日
ニュートン、ロンドンのケンジントンの自宅で亡くなる。

1727年4月4日
サー・アイザック・ニュートンの国葬、ロンドンのウェストミンスター寺院でとりおこなわれる。

用語解説

エーテル (a) 宇宙を満たし、光や熱を伝えると考えられた気体 (b) 可燃性の無色の液体

王政復古 イングランドで、1660年に君主制（王政）が復活したこと。

化学 物質を構成するものや、物質が反応するとどうなるかを研究する学問。

カトリック 教皇を中心とするカトリック教会の教えにしたがうキリスト教の教派。

議会派 ピューリタン革命のとき、国王に抵抗した議会を支持した人びと。

幾何学 図形を研究する数学の一分野。

軌道 あるものが、べつのあるもののまわりをまわるときの道筋。惑星は恒星のまわりを、衛星は惑星のまわりをまわる。

共和国 特定の君主をおかずに、国民を代表する人たちが政治をおこなう国。

屈折 光または熱が方向を変えること。

屈折望遠鏡 レンズを使った望遠鏡。

グラマー・スクール アイザック・ニュートンの時代、イギリスの町にたくさんつくられた男子校。授業料は無料か、ごく低額で、ラテン語の文法を中心に教えた。

君主制 世襲された王のような、特定の人物が国を統治する体制。

原子 ニュートンの時代では、物質を分解したときの最小単位は原子だと考えられた。現代では、原子はさらに小さな粒子から構成されていることがわかっている。

光学 光の性質と作用を研究する物理学の一分野。

国王派 ピューリタン革命のとき、国王チャールズ1世を支持した人びと。

護国卿 1653～59年のイングランドで、政治と軍事の最高の官職。オリヴァー・クロムウェルとリチャード・クロムウェルが護国卿になった。

コモンウェルス 1649年から60年までつづいたイングランドの政治体制。共和政（制）。

重力 ⇨ 万有引力

自然哲学 アイザック・ニュートンの時代、いまでいう「科学」はこうよばれた。

すい星 主にちりと氷からなる天体で、太陽のまわりをまわる。太陽に近づくと、ガスとちりからできた長い尾をひく。

スペクトル プリズムを通った光が、色をもつ光に分かれたときの、虹のような色の列。

接線 曲線とただ1点のみで接する直線。

相対性理論 観測される運動はすべて相対的なものであるという理論。

対数 16世紀から、複雑な計算をするときに使われた。数学では $y = \log_a x$ であらわされ、a を y 乗すると x になる。a を底という。

代数学 数字ではなく文字を使って方程式などを研究する数学の一分野。

哲学 知識や真理、論理を研究する学問。

天文学 惑星、衛星、恒星や宇宙のしくみを研究する学問。

二項定理 二項式 $x + y$ の累乗 $(x + y)^n$ を展開する公式。

反射望遠鏡 レンズではなく鏡を使った望遠鏡。

万有引力(重力) ふたつのものが引き合う力。リンゴが地面に落ちるのは、万有引力がはたらいているから。

微分積分 数学の解析学で使われ、微分は曲線を無限に細分化し、積分は微分の逆で、曲線と座標軸のあいだの面積をもとめたりする。

ピューリタン 清教徒とも。清廉潔癖をむねとし、さらなる宗教改革をもとめた17世紀イングランドのプロテスタント。

ピューリタン革命 1642～47年、イングランドの議会派のピューリタンが君主制を打倒した市民革命。国王は処刑された。

物理学 運動や力を調べて、物質の性質やそのはたらきを研究する科学の一分野。

プリズム 光を屈折、反射させる、一般には三角形の透明の物体。

プロテスタント カトリック教会とはべつの教えを信じるキリスト教徒。

法則 科学でいう「法則」は、ある条件下で、ものとものがつくる必然的、普遍的な関係。

流率 アイザック・ニュートンが、いまでいう微分法につけた名称。

錬金術 銅などの卑金属を金に変える試み。

量子論 エネルギーなどの物理量（その最小単位が「量子」）は、連続ではなく不連続であるという理論で、20世紀に発展した。

参考文献

Dead Famous: Isaac Newton and His Apple, Kjartan Poskitt, Scholastic Hippo, 1999

Isaac Newton, James Gleick, Harper Perennial, 2004

Isaac Newton, Kathleen Krull, Viking, 2006

Isaac Newton: The Last Sorceror, Michael White, Fourth Estate, 1998

Never at Rest: A Biography of Isaac Newton, Richard S. Westfall, Cambridge University Press, 1980

ジェイムズ・グリック『ニュートンの海――万物の真理を求めて』大貫昌子訳、日本放送出版協会、2005年

リチャード・S・ウェストフォール『アイザック・ニュートンⅠ・Ⅱ』田中一郎・大谷隆昶訳、平凡社、1993年

志賀浩二『数学の流れ30講――17世紀から19世紀まで』朝倉書店、2007年

◆引用文の出典

p. 8 John Conduitt's memorandum of his conversation with Isaac Newton, 31 Aug 1726, Keynes MS 130.10

p. 17 Catherine Storer (later Mrs Vincent), from p. 45–6 of William Stukeley, *Memoirs of Sir Isaac Newton*, ed. A Hastings White, London, Taylor Francis, 1936

p. 33 Portsmouth papers, Additional MSS of Isaac Newton, Cambridge University Library

p. 56 Alexander Pope, 'Epitaph Intended for Sir Isaac Newton in Westminster Abbey', 1730

p. 59 No. 1259 from Joseph Spence, *Observations, Anecdotes and Characters of Books and Men*, ed. J Osborn, Oxford University Press, 1966

◆関連ウェブサイト

www.newtonproject.ic.ac.uk
ニュートンの著作物の一覧を作成中

www.newton.cam.ac.uk/newton.html
ニュートンに関連するサイトを紹介

www.ing.iac.es
アイザック・ニュートン・グループ望遠鏡（ING）のサイト

索　引

◎あ

アイザック・ニュートン・グループ望遠鏡（ING）… 57
アイスコフ、ウィリアム… 9, 19
アイスコフ、マーガリー… 11
アインシュタイン、アルバート… 56
アストロラーベ（天体観測儀）… 37
アスペルガー症候群… 11
アポロ12号… 57
アリストテレス… 23, 24
アン女王… 54, 55
「アンニ・ミラビレス」… 26
「命のエリクシル」… 39
ウィリアム3世（国王）… 52, 54
　⇨オレンジ公ウィリアム
ウールズソープ… 8〜11, 15, 16, 18, 26, 31〜33, 44
ウェストミンスター寺院… 59
ウォード、セス… 42
ウォダム・カレッジ（オックスフォード）… 42

渦巻き運動… 25
運動の法則… 48〜49, 56
運動方程式… 49
エーテル… 45
王立協会… 22, 40〜43, 48〜49, 51, 54, 59
王立造幣局… 53, 58
王立天文台… 45
オランダ… 12, 15
オレンジ公ウィリアム… 49, 50

◎か

科学アカデミー… 54
ガッサンディ、ピエール… 30
カッシーニ、ジョヴァンニ… 44
カトリック教会… 8
ガリレイ、ガリレオ… 8, 10, 23, 24, 32, 40
眼球実験… 30, 31
慣性の法則… 48
議会派… 10, 12
幾何学… 25, 28, 51

『軌道を描く天体の動きについて』… 44, 45
共和政… 12, 15
『極大、極小および接線に関する新しい方法とその特殊な計算法』… 45
キングズ・スクール（グランサム）… 17〜18
屈折… 31, 40
屈折望遠鏡… 40
クラーク、ウィリアム… 16
グランサム… 16〜17, 19, 30
グリニッジ天文台… 45
グレゴリー、ジェイムズ… 40
クレーン・コート… 43
グレシャム・カレッジ（ロンドン）… 42
クロムウェル、オリヴァー… 12, 16, 18〜19
「啓蒙」… 56
ケプラー、ヨハネス… 24, 32
原子… 30, 39

索引

賢者の石… 38, 39
原子論… 30
ケンジントン… 59
顕微鏡… 42
ケンブリッジ大学…9, 19, 22, 23, 26, 33, 36, 38, 39, 52〜54
光学… 40〜41
『光学』… 55
コーヒーハウス… 45
国王派… 10, 12, 15
護国卿… 12, 16
コペルニクス、ニコラウス… 24
コモンウェルス… 12, 15
コルスターワース… 10
コンデュイット、ジョン… 58

◎さ
作用・反作用の法則… 49
ジェイムズ2世… 48, 50, 52
ジェイムズ7世(スコットランド王)… 48
ジェレミン通り… 53
自然哲学… 24, 42, 56
ジャーヴァス、チャールズ… 54
重力/万有引力… 30, 32, 44, 48〜49, 56
すい星… 44〜45
スタワーブリッジ… 31
ストークス、ヘンリー… 18, 19
ストーラー、アーサー… 16
ストーラー、エドワード… 16
ストーラー、キャサリン… 16〜17
スペクトル… 31
スミス、バーナバス… 11, 16
聖書… 10, 14, 17, 58
聖ポール大聖堂… 27, 32, 51
接線… 28
相対性理論… 56

◎た
代数(学)… 25, 29
対数表… 28, 37
地動説… 24
チャールズ1世(国王)… 8, 12〜14, 19
チャールズ2世(国王)… 13, 19, 22, 48
中性子… 30
デカルト、ルネ… 25, 31

テムズ川… 27, 45, 48
デュイリエ、ニコラ・ファティオ・ド… 50
天気図… 48
電子… 30
天動説… 24
トリニティ・カレッジ… 22〜23, 36 ⇨ ケンブリッジ大学
トムソン、ジョゼフ・ジョン… 30

◎な
南海泡沫事件… 58
二項定理… 23, 28
虹… 31
にせ金づくり… 53
ニュートン(単位)… 56
ニュートン、アイザック(父)… 8, 9
ニュートン、ハンナ(子)… 16, 53
ニュートン、ハンナ(母)…9, 11, 16, 18, 33, 44
ニュートン、ハンフリー… 51
ニュートン、ベンジャミン…16
ニュートン、メアリー… 16
ニュートン式反射望遠鏡… 40
ノース・ウィザム… 11, 14

◎は
バートン、キャサリン… 53, 58
バートン・コグルズ… 9
バビントン、ハンフリー… 36
バベッジ、チャールズ… 37
ハリー、エドモンド… 44, 45, 48, 49
バロー、アイザック… 36
反射望遠鏡… 40〜41
万有引力/重力… 30, 32, 44, 48〜49, 56
ピープス、サミュエル… 51
微分積分/微積分… 28, 29, 45, 55
日時計… 18
ピューリタン(清教徒)… 12, 14, 15, 22 ⇨ 議会派
ピューリタン革命… 8
フック、ロバート… 40〜42, 44, 49, 50, 54
プディング・レーン… 32
ブラーエ、ティコ… 24
フラムスティード、ジョン… 45
ブランツ、ヘーニヒ… 38
振り子時計… 17

プリズム… 30〜31, 37
『プリンキピア・マテマティカ』… 48〜50
ブレイク、ウィリアム… 56
ペスト… 26, 31, 33
ベルヌーイ、ヨハン… 53
ヘンリー8世… 22
ホイヘンス、クリスティアン…17, 41, 44
ボイル、ロバート… 39, 42, 51
望遠鏡… 24, 36, 40〜41, 57
ホーキング、スティーヴン… 37
ポープ、アレクサンダー… 56
ホワイトホール… 14

◎ま
マーストン・ムアの戦い… 10
マシャム、フランシス… 52
『ミクログラフィア』… 28
ミケランジェロ… 39
メアリー2世… 50, 52, 54
名誉革命… 49
モア、ヘンリー… 30
モードント、チャールズ… 52
モンタギュー、チャールズ… 52

◎や
陽子… 30

◎ら
レスター・スクエア… 55
ライプニッツ、ゴットフリート… 45, 53, 55, 58
ラ・パルマ… 57
理性の時代… 56
リッペルスハイ、ハンス… 40
流率… 29, 55
流量… 29
量子論… 30
リンカンシャー… 8, 10
リンゴ… 28, 32
ルーカス、ヘンリー… 37
ルーカス教授… 36, 37, 38, 53, 54
レン、クリストファー… 39, 44, 51
錬金術… 38〜40, 50
ロック、ジョン… 50, 51, 52
ロンドン… 10, 14, 26, 27, 32, 37, 39, 43, 45, 52, 53, 55, 59
ロンドン塔… 53
ロンドンの大火… 27, 32

フィリップ・スティール Philip Steele
文化や民族、自然界などに関する著述家、編集者。ガリレオ、マリー・キュリー、ジェシー・オーウェンズ、ローザ・パークスの伝記を執筆。イギリスのノース・ウェールズ在住。主な著書に『イギリス史百科Encyclopedia of British History』『時を超える町A City Through Time』他。

翻訳◎赤尾秀子（あかおひでこ）
津田塾大学数学科卒。翻訳家。主な訳書に、J.グドール『アフリカの森の日々』『リッキーとアンリ』（以上、BL出版）、J.マクラウド『世界を変えた発明』（ランダムハウス講談社）他。

協力◎ロブ・イリッフ Rob Iliffe
ロンドンのインペリアル・カレッジ准教授（科学史）。ウェブの「Newton Project（ニュートン・プロジェクト）」編集長、「History of Science（科学の歴史）」誌編集人。『アイザック・ニュートン、初期の伝記Early Biographies of Isaac Newton』を編集。主な著書に『ニュートン入門Newton: A Very Short Introduction』他。

謝辞・クレジット

Sources: AA = The Art Archive, BAL = The Bridgeman Art Library.

B = bottom, C = centre, T = top.

Front cover: By kind permission of the Trustees of the Portsmouth Estates/Photograph by Jeremy Whitaker.

1 akg-images/Erich Lessing; 3 © Jim Sugar/Corbis; 4T The Fotomas Index; 4B The Royal Society; 5T AA/Royal Society/Eileen Tweedy; 5B © 2003. Photo Scala, Florence/HIP/Museum of London; 7 The Fotomas Index; 9 BAL/Lincolnshire County Council, Usher Gallery, Lincoln, UK; 10 BAL/Private Collection; 11 The Fotomas Index; 12 BAL/Private Collection; 12–13, 13T BAL/British Library, London; 13B BAL/Private Collection; 14 The Fotomas Index; 16 akg-images; 17 The King's School, Grantham; 18 Colin Russell (colinrussell@orange.net); 19 The King's School, Grantham; 21 © The Royal Society; 22 Collections/Oliver Benn; 23 BAL/Bibliothèque Nationale, Paris; 24T BAL/© Royal Geographical Society, London; 24B BAL/Galleria degli Uffizi, Florence; 25T AA/Institut de France, Paris/Dagli Orti; 24–25, 25B © 2006. Photo Scala, Florence/HIP/Oxford Science Archive; 26 AA; 27 © 2003. Photo Scala, Florence/HIP/Museum of London; 29 By permission of the Syndics of Cambridge University Library, Add. 3958, ff. 78v-79r; 30 By permission of the Syndics of Cambridge University Library, Add. 3975, p.15; 31 © Matthias Kulka/zefa/Corbis; 32 akg-images/Erich Lessing; 35 AA/Royal Society/Eileen Tweedy; 36 By permission of the Master and Fellows of Trinity College Cambridge; 37 akg-images/Erich Lessing; 38 The Burndy Library, Cambridge, Massachusetts; 39 © 2005. Photo Scala, Florence/HIP/Oxford Science Archive; 41 © The Royal Society; 42C Hulton Archive/Getty Images; 42B © 2005. Photo Scala, Florence/HIP/Oxford Science Archive; 42–43, 43T, 43B Hulton Archive/Getty Images; 44 AA/British Museum, Eileen Tweedy; 45 Hulton Archive/Getty Images; 47 © 2003. Photo Scala, Florence/HIP/Museum of London; 48 AA; 49 By kind permission of the Trustees of the Portsmouth Estates/Photograph by Jeremy Whitaker; 50 Genève, Bibliothèque publique et universitaire, Départ. Iconographique; 51 © 2005. Photo Scala, Florence/HIP; 52 BAL/Victoria & Albert Museum, London; 53 AA/Dagli Orti; 54 AA/Royal Society/Eileen Tweedy; 55 Hulton Archive/Getty Images; 56T, 56 © Bettmann/Corbis; 56B akg-images; 57T © Bettmann/Corbis; 57B © Roger Ressmeyer/Corbis; 58 © The Royal Society; 59 Werner Forman Archive.